Reclams Städteführer Frankfurt am Main

Reclams Städteführer · Architektur und Kunst

Frankfurt am Main

Von Adrian Seib

Mit 22 Abbildungen und 4 Karten

Reclam

RECLAMS UNIVERSAL-BIBLIOTHEK Nr. 19673
2020 Philipp Reclam jun. GmbH & Co. KG,
Siemensstraße 32, 71254 Ditzingen
Umschlagabbildung: Häuser der »Neuen Altstadt«
(© Jochen Tack / Alamy Stock Foto)
Druck und Bindung: Kösel GmbH & Co. KG,
Am Buchweg 1, 87452 Altusried-Krugzell
Printed in Germany 2020
RECLAM, UNIVERSAL-BIBLIOTHEK und
RECLAMS UNIVERSAL-BIBLIOTHEK sind eingetragene Marken
der Philipp Reclam jun. GmbH & Co. KG, Stuttgart
ISBN 978-3-15-019673-1
www.reclam.de

Inhalt

Frankfurt – Von der Kaiserpfalz zur Finanzmetropole

Die heute fünftgrößte Stadt Deutschlands ist traditionell weltoffen und multikulturell, wird oft als kleinste Metropole der Welt bezeichnet. Um ihre Entstehung rankt sich eine beliebte Volkssage, die von der Gründung und Namensgebung des Ortes berichtet. Sie geht zurück auf eine Schilderung des Chronisten Thietmar von Merseburg aus dem frühen 11. Jh., nach der das fränkische Heer Kaiser Karls des Großen auf der Flucht vor den Sachsen den Main sicher überqueren konnte, weil ihnen eine Hirschkuh den Weg über eine flache Stelle im Fluss wies. Diese Stelle blieb den Verfolgern unbekannt, und aus Dankbarkeit soll Karl nahe der jetzigen Alten Brücke eine Niederlassung gegründet und sie nach der Furt der Franken benannt haben. Historisch ist dieser Gründungsmythos nicht nachweisbar. Tatsächlich wurde der Ort im Jahr 794, als Kaiser Karl dem Kloster Emmeram einige Grundstücke schenkte, erstmals erwähnt: »Franconofurd«. Allerdings weisen Siedlungsspuren an der fraglichen Stelle nahe dem Flussufer in eine weit frühere Zeit zurück.

Der Bereich der Frankfurter Altstadt war ursprünglich ein sumpfiges, von Nebenarmen des Mains durchzogenes Gebiet mit einer inselartigen Erhebung (später als Domhügel bezeichnet). Die archäologischen Funde an dieser Stelle reichen zwar bis in die Jungsteinzeit zurück, aber eine Bebauung lässt sich erst mit einer römischen Ansiedlung aus dem 1. Jh. n. Chr. nachweisen. Reste eines römischen Bades haben sich erhalten – zusammen mit Mauern des karolingischen Königshofes und spätmittelalterlichen Kellern sind sie zu besichtigen: Dieser Bereich (ehem. Archäologischer Garten) wurde als »Kaiserpfalz Franconofurd« unter dem Stadthaus am Markt neu gestaltet und der Öffentlichkeit zugänglich gemacht. Mit dem Rückzug der Römer an den Rhein um die Mitte des 3. Jh.s übernahmen Alemannen die Siedlung. Nach 530 wurde das Gebiet von den Franken erobert, die auf dem Hügel einen Königshof errichteten (in späterer Zeit weitgehend überbaut). Ein bemerkenswerter Fund aus merowingischer Zeit wurde 1992 bei einer Grabung im Dom entdeckt: ein reich ausgestattetes Mädchengrab, das in die Zeit um 700 datiert werden konnte.

Zwischen 815 und 822 ließ Kaiser Ludwig der Fromme auf dem Domhügel eine Pfalzanlage mit Königshalle sowie Wohn- und Wirtschaftsgebäuden errichten. Sein Sohn Ludwig der Deutsche ergänzte die Anlage östlich der Aula Regia (Königshalle) um einen Kirchenneubau. Die St. Salvator gewidmete Pfalzkapelle – einer der Vorgängerbauten des heutigen Doms St. Bartholomäus – wurde 852 vom Mainzer Erzbischof Rhabanus Maurus eingeweiht. Die Kapelle war zugleich Gründungsbau des St. Salvatorstifts. Die Kanoniker des Stiftes führten ein Gemeinschaftsleben, waren als Weltpriester allerdings nicht an ein Ordensgelübde gebunden. Sie lebten nicht in Klausur, sondern erfüllten seelsorgliche Aufgaben, und Privateigentum war ihnen gestattet. Zu diesem Zeitpunkt avancierte Frankfurt zu einem der Zentren des ostfränkischen Reiches.

Unter den Staufern erlebte der Ort einen weiteren Aufschwung und wurde um 1140 als »oppidum« (Minderstadt, städtische Siedlung mit Marktfunktion) bezeichnet. Im Jahr 1147 rief Bernhard von Clairvaux in der Pfalzkapelle Kaiser Konrad III. zum zweiten Kreuzzug auf. Um seine Nachfolge auch im Falle seines Todes zu sichern, ließ Konrad in diesem Zusammenhang seinen Sohn Heinrich als seinen Nachfolger krönen. Damit ist die erste Königswahl in Frankfurt historisch belegt. Berichte über Königswahlen in der Stadt reichen zwar bis in die Mitte des 9. Jh.s zurück (Lothar II., 855), sind allerdings nicht eindeutig bezeugt. Um 1150 wurde die Frankfurter

Messe erstmals erwähnt. Sie sollte über die Jahrhunderte stark an Bedeutung gewinnen und zu einer der wichtigsten Handelsdrehscheiben in Europa werden. Mit der Wahl Friedrichs I. Barbarossa zum deutschen König wurde Frankfurt 1152 als Wahlort bestätigt. In der zweiten Hälfte des 12. Jh.s entstand südlich der alten Pfalz der Saalhof als neue königliche Burganlage. Dazu weitete sich das Siedlungsgebiet deutlich aus und erhielt mit der Staufenmauer einen neuen Schutzwall. In der Schenkung eines Grundstücks zur Errichtung einer Kapelle (der späteren Leonhardskirche) durch Friedrich II. wurden die Frankfurter 1219 erstmals als Bürger bezeichnet. Der neuen Situation entsprechend löste der Herrscher ein Jahr darauf die Funktion des Burgvogtes durch die des kaiserlichen Stadtschultheißen ab.

Die folgenden Jahrzehnte standen im Zeichen einer zunehmenden Selbständigkeit Frankfurts. Neben dem Schultheiß traten Ratsherren als Vertreter der Bürgerschaft auf. 1297 wurde mit der Aufzeichnung von Rechten und Freiheiten durch Schultheiß, Schöffen, Rat und Bürger das sog. Erste Stadtrecht formuliert. Zwei aus dem Rat gewählte Bürgermeister übernahmen ab 1311 sukzessive die Amtsgeschäfte des Schultheißen. 1329 erhielten die Frankfurter Bürger Zollfreiheit im Reich. Zudem gestattete Kaiser Ludwig der Bayer die Abhaltung einer zweiten Messe im Frühjahr. Ein wichtiger Schritt in der Stadtentwicklung war 1333 die Erlaubnis des Kaisers, das Siedlungsgebiet bedeutend zu erweitern. Die in diesem Zuge entstehende Neustadt wurde durch eine entsprechende Befestigung und eine vorgelagerte Landwehr gesichert. Die redundante Staufenmauer wurde bis auf wenige Abschnitte beseitigt. Im Jahr 1356 bestätigte Kaiser Karl IV. mit der Goldenen Bulle Frankfurt als ständigen Wahlort der deutschen Könige und damit die städtische Reichsunmittelbarkeit.

Mit dem Erwerb der Pfandschaft über das Schultheißenamt

und den königlichen Forst (Stadtwald) von Karl IV. wurde Frankfurt 1372 endgültig freie Reichsstadt. Ein neues Rathaus sollte bald darauf die gewonnene Selbstverwaltung festigen. Im Gegensatz zu vielen anderen Städten entschied sich der Rat jedoch nicht für einen prachtvollen Neubau, sondern erwarb 1405 die Patrizierhäuser »Zum Römer« und »Zum Schwan« und gestaltete sie um. Im Laufe der nächsten Jahrhunderte wurde der »Römer« durch den Zukauf weiterer Bürgerhäuser schrittweise vergrößert.

Die Geschichte der Frankfurter Juden war von schweren Pogromen 1241 und 1349 geprägt, in deren Folge die Gemeinden zeitweilig verschwanden. Nach der jeweiligen Wiederansiedlung standen sie unter kaiserlichem Schutz. Durch die Verpfändung des halben Judenregals (ein durch Entrichtung von Gebühren gesichertes Schutzprivileg) durch Karl IV. kam die jüdische Bevölkerung 1372 teilweise unter städtischen Schutz. 1462 wurden die Frankfurter Juden auf Anordnung Kaiser Friedrichs III. und geduldet vom Rat von ihrem bevorzugten Wohngebiet um den Dom in ein Ghetto am Ostrand der Stadt umgesiedelt. Die eigens dafür errichtete Judengasse verlief östlich des Restes der Staufenmauer entlang des früheren Wollgrabens und war auf den jüdischen Friedhof ausgerichtet. Der etwa 330 m lange Straßenzug war von Mauern umgeben und nur über drei Tore zugänglich. Die Judengasse bestand bis 1796, der Ghettozwang wurde rechtlich sogar erst 1811 aufgehoben.

In den ersten Jahrzehnten des 16. Jh.s erlebte Frankfurt einschneidende Veränderungen. Kurz nach der Wahl Karls V. im Dom 1519 gewann die Reformation zunehmend an Gewicht in der Bevölkerung und wurde 1533 offiziell eingeführt. Drei Jahre später trat die Stadt dem Schmalkaldischen Bund bei, musste 1548 nach der Niederlage gegen das kaiserliche Heer allerdings das Augsburger Interim hinnehmen. Nach dem Scheitern dieses Reichsgesetzes, das beide Konfessionen ablehnten, sah sich Karl V. gezwungen, im Augsburger Religionsfrieden 1555 die konfessionelle Spaltung des Reiches zu akzeptieren. Um die kaiserlichen Privilegien, wie u. a. Messe- und Zollfreiheit, nicht zu gefährden, sah sich der Rat in Frankfurt veranlasst, Karl V. entgegenzukommen, gab den Katholiken den Dom sowie die Stifts- und Ordenskirchen zurück und ließ ihren Gottesdienst wieder zu. Die Stadt wurde demnach gemischt konfessionell. Zwei bedeutende Ereignisse prägten die zweite Hälfte des 16. Jh.s: Infolge der Inthronisation Maximilians II. 1562 war Frankfurt zukünftig nicht mehr nur Wahl-, sondern auch Krönungsort der deutschen Herrscher. Und das Jahr 1585, in dem Wechselkurse und Handelsregeln festgelegt wurden, kann als Beginn des hiesigen Börsenwesens angesehen werden.

Am Anfang des 17. Jh.s stand der sog. Fettmilch-Aufstand: Ein Streit um Macht und Privilegien zwischen den Zünften und dem von Patriziern besetzten Rat mündete 1612–14 in eine gewalttätige Erhebung seitens der Handwerker und eskalierte in der Plünderung der Judengasse – ihre Bewohner wurden vertrieben. Der Aufstand wurde schließlich durch kaiserliche, hessische und Mainzer Truppen niedergeschlagen, die Anführer um Vinzenz Fettmilch wurden 1616 hingerichtet. Während des Dreißigjährigen Krieges waren zeitweise schwedische Truppen in Frankfurt stationiert. Im Jahr 1635 brach die Pest aus und forderte 3421 Opfer – bei einer Zahl von etwas über 20 000 Einwohnern etwa ein Sechstel der Bevölkerung. In den Beschlüssen des Westfälischen Friedens wurde Frankfurt 1648 schließlich als Reichsstadt bestätigt.

Den Beginn des 18. Jh.s markieren zwei große Brände: 1711 zerstörte der »Große Judenbrand« die Judengasse, 1719 der »Große Christenbrand« Teile der Altstadt. Eine neue Bauordnung umfasste danach Sicherheitsvorschriften wie Brandmauern, Ausbildung der Untergeschosse in Stein, Begrenzung der

Überhänge und die traufseitige Ausrichtung von Neubauten. Im Jahr 1763 stiftete der Arzt Johann Christian Senckenberg sein Vermögen zur Förderung von Naturwissenschaft und Medizin. Er begründete damit eine bis heute reichende Tradition des bürgerlichen Engagements und Stiftungswesens in der Stadt. Sein Name lebt im großen städtischen Naturkundemuseum weiter. Sowohl im Siebenjährigen Krieg (1756–63) als auch infolge der Französischen Revolution wurde Frankfurt von französischen Truppen besetzt. Noch kurz zuvor hatte mit Franz II. 1792 die letzte Kaiserkrönung im Dom stattgefunden.

Das 19. Jh. bescherte der Stadt eine Reihe großer Umwälzungen. Im Reichsdeputationshauptschluss 1803 mit der Säkularisation, der Aufhebung kirchlicher Institutionen und der Einziehung ihres Besitzes sowie der territorialen Neuordnung des Reichsgebietes konnte Frankfurt seinen Status noch behaupten. Das änderte sich drei Jahre später: Mit dem Ende des Heiligen Römischen Reiches Deutscher Nation wurde die Stadt dem Fürstprimas Karl Theodor von Dalberg unterstellt und nach 1810 Zentrum des neuen Großherzogtums Frankfurt. Innerhalb von nur drei Jahren ließ von Dalberg weitreichende Reformen v. a. in Justiz, Verwaltung und Bildungswesen durchführen. Leibeigenschaft und Frondienste wurden abgeschafft, jüdische Mitbürger rechtlich gleichgestellt, der Ghettozwang wurde aufgehoben. Innerstädtisch war schon um 1805 mit dem Schleifen der Stadtbefestigung und dem Bau der Wallanlagen begonnen worden. Dadurch konnten neue Wohngebiete erschlossen werden. Die Beschlüsse des Wiener Kongresses nach den Napoleonischen Kriegen erklärten Frankfurt 1815 wieder zur Freien Stadt. Nach dem Zusammenschluss mit drei anderen Freien Städten und 35 Staaten zum Deutschen Bund wurde Frankfurt 1816 Sitz des Bundestages. Nach der Initialzündung der französischen Revolution lebten die Ideen nationaler Einheit, Freiheit und Volkssouveränität auch im Zeitalter der Restauration weiter. Die Anfänge beim Wartburgfest (1817) wurden verstärkt durch die Aufstände in Frankreich, Polen und Belgien 1830 und mündeten im Hambacher Fest (1832) als Höhepunkt oppositioneller Bestrebungen gegen den Deutschen Bund und als eigentlicher Beginn des Vormärz. In diesem Zusammenhang versuchten Aufständische 1833 in Frankfurt die Haupt- und Konstablerwache zu stürmen, den Bundestag zu stürzen und eine nationale demokratische Erhebung im Reich zu entfachen. Der Plan wurde allerdings verraten und die Aktion blutig niedergeschlagen. Die freiheitlichen Ideen gewannen jedoch weiter an Zulauf und führten 1848/49 zur ersten deutschen Nationalversammlung in der Paulskirche. Das erste demokratische Parlament in den deutschen Ländern verabschiedete eine Reichsverfassung mit Grundrechten für jeden Bürger, scheiterte jedoch an den Partikularinteressen der deutschen Fürsten. 1866 wurde Frankfurt in der Folge des Deutschen Kriegs von Preußen annektiert und verlor durch die Eingliederung in die Provinz Hessen-Nassau seine Selbständigkeit. Am 10. Mai 1871 besiegelten der deutsche Reichskanzler Otto von Bismarck und der französische Außenminister Jules Favre im Frankfurter Hotel zum Schwan den Friedensvertrag zur Beendigung des Deutsch-Französischen Kriegs. In den folgenden Jahrzehnten sollte Frankfurt, auch begünstigt durch die französischen Reparationszahlungen, einen gewaltigen Aufschwung nehmen, der das Stadtbild bis heute mitprägt. Mit der Eingemeindung Bornheims 1877 begann eine Stadterweiterung, der 1895–1910 zahlreiche umliegende Ortschaften folgten. Daneben wurde bis zum Ende des Jahrhunderts die Infrastruktur konsequent verbessert, eine Kanalisation wurde angelegt, das erste Telefonnetz und die erste elektrische Straßenbahn in Deutschland gingen in Betrieb, der Westhafen und der Hauptbahnhof wurden eröffnet. Die Errichtung der Börse und die Einweihung des Opernhauses waren weitere Höhepunkte. In der Amtszeit des Oberbürgermeisters Franz Adickes (1891–1912) nahm der technische, städtebauliche und kulturpolitische Aufschwung weitere Formen an.

Nach dem Ersten Weltkrieg und der großen Inflation begann mit der Amtszeit des Oberbürgermeisters Ludwig Landmann (1924–33) eine neue Ära. Eine der wichtigsten Entscheidungen betraf die Ernennung von Ernst May zum Stadtbaurat 1925. Bis etwa 1931 schufen May und seine Mitarbeiter – genannt sei hier v. a. der kongeniale Martin Elsaesser – das Neue Frankfurt. Ihr Wohnungsbauprogramm speiste sich v. a. aus sozialpolitischen Ideen: Mit einer ansehnlichen Reihe von Siedlungen, die meisten am Stadtrand, wollte man durch mehr Luft, Licht und Natur eine gesündere Lebensumgebung für die neuen Bewohner schaffen, als sie z. B. in den prekären hygienischen Verhältnissen der Altstadt oder den Hinterhöfen vieler Gründerzeitbauten gegeben war. So entstanden u. a. die Siedlungen Römerstadt, Bornheimer Hang und Praunheim als beispielhafte neue Stadtquartiere. Die in der Regel seriell hergestellten Reihenhäuser wurden schon teilweise in Fertigbauweise errichtet. Es gab verschiedene normierte Grundrisse, nahezu jede Wohnung besaß entweder einen Garten oder Gartenzugang bzw. eine Terrasse und war mit Fernwärme sowie der raumoptimierten sog. Frankfurter Küche von Margarete Schütte-Lihotzky ausgestattet. Auf diese Weise konnten in kurzer Zeit etwa 12 000 Wohnungen gebaut werden, deren radikal funktionale Gestaltung und fortschrittliche Konzeption das Neue Frankfurt zu einem bedeutenden Beitrag der Architekturmoderne werden ließen. Im selben Zeitraum entstanden auch einige markante Einzelgebäude wie die Großmarkthalle (1927/28, nach Entwürfen von Martin Elsaesser), das Gewerkschaftshaus als erstes Hochhaus der Stadt (1929–31, Max Taut und Franz Hoffmann) oder das I. G.-Farben-Haus (1928–31, Hans Poelzig). Eine weitere Reihe von Eingemeindungen 1928 ließ das Stadtgebiet weiter wachsen und die Einwohnerzahl auf etwa 538 000 steigen. Anfang der 1930er Jahre musste das ehrgeizige Programm infolge der Weltwirtschaftskrise allerdings weitgehend eingestellt werden. Bereits früh im Jahr 1933 übernahm die NSDAP die Stadtregierung, vertrieb den jüdischen Oberbürgermeister Landmann und leitete eine umfassende Gleichschaltung ein. In der Pogromnacht 1938, in der Synagogen und jüdische Einrichtungen zerstört wurden, kulminierte die antijüdische Hetzkampagne der Nationalsozialisten. 1941–44 wurden über 10 000 Juden in die Konzentrationslager deportiert. Bei alliierten Bombenangriffen 1943 und v. a. 1944 wurden weite Teile der Innenstadt und fast die komplette Altstadt zerstört.

Ende März 1945 rückten US-Truppen in Frankfurt ein. Schon in den ersten Nachkriegsjahren deutete sich der weitere Weg Frankfurts als Finanzmetropole an. 1947 wurde die Stadt Sitz des Wirtschaftsrats der drei Westalliierten, und die Bank deutscher Länder wurde gegründet. Am 18. Mai wurde zum 100. Jahrestag der Nationalversammlung die bereits wiederaufgebaute Paulskirche in einem symbolischen Akt für die neue deutsche Demokratie feierlich eröffnet. Nachdem Frankfurt 1949 im Wettstreit mit Bonn doch nicht wie erhofft Hauptstadt der Bundesrepublik wurde, sollte sie durch ihre günstige geopolitische Lage zu einem Verkehrsknotenpunkt (Rhein-Main-Flughafen) und zum größten deutschen Wirtschaftszentrum werden (Banken, Börse, Messe). 1955 stieg die Einwohnerzahl auf über 600 000. Zwei Jahre später wurde durch die Zusammenlegung der Bank deutscher Länder und der Landeszentralbanken die Deutsche Bundesbank gegründet. Die Ansiedlung des Europäischen Wirtschaftsinstituts 1994, seit 1998 Europäische Zentralbank, und ihre 2015 eröffnete neue Zentrale an der ehem. Großmarkthalle bezeugen die Bedeutung der Stadt als internationale Finanzmetropole bis heute.

Die sechziger Jahre waren neben der Wirtschaftswunderzeit v. a. auch durch wichtige politische Ereignisse geprägt. 1963 begannen die Auschwitzprozesse im neuen Haus Gallus, nachdem der Sitzungssaal im Römer zu klein geworden war. Im selben Jahr besuchte der US-Präsident John F. Kennedy die Stadt. 1968 ging als Jahr der Studentenproteste und der ersten Anschläge der späteren RAF auf zwei innerstädtische Kaufhäuser in die Geschichte ein. In den siebziger Jahren wuchsen die Hochhäuser über den bislang mit seinen 95 m Höhe dominierenden Domturm und begründeten die heute so markante Skyline. Die achtziger Jahre können als das Jahrzehnt der kulturellen Erneuerung gelten. Nach der Wiedereröffnung der jahrzehntelang als Ruine bestehenden Alten Oper 1981 wurde mit der Einweihung des Deutschen Filmmuseums und des Deutschen Architekturmuseums 1984 die Entwicklung des Museumsufers eingeleitet. Auch die Umgestaltung des Platzes zwischen Dom und Römer mit dem Bau der Kunsthalle Schirn und der postmodernen Häuserzeile in der Saalgasse veränderte den Blick auf die bis dahin als unwirtlich geltende Stadt.

Frankfurt hatte (und hat) überregional keinen besonders guten Ruf: »Bankfurt«, »Krankfurt«, »Mainhattan« sind nur einige der verliehenen Attribute. Dabei ist die Stadt keine Betonwüste. Ihr Grünanteil beträgt 52 Prozent der Grundfläche. Im Vergleich: New York hat 26, Paris 23, Berlin 44, Wien 50 Prozent Grünanteil. Das hohe Ranking in der jährlichen Verbrechensstatistik verdankt Frankfurt zu einem nicht geringen Teil den Zollvergehen am Frankfurter Flughafen. Das Stadtbild selbst entwickelte sich aus dem historischen Zentrum, das nördlich des Mains von den einzelnen Stadtteilen wie durch Baumringe umgeben wird. Im Süden begrenzte der Stadtwald eine weitere Ausdehnung. Viele der in sich heterogenen Stadtviertel führen ein reizvolles Eigenleben und weisen an den Rändern z. T. auch noch dörfliche Strukturen auf. Architektonisch sind im

Wohnungsbau v.a. der Historismus der Gründerzeit, die Moderne der zwanziger Jahre und der Wiederaufbau der fünfziger Jahre prägend. Beispiele vergangener Epochen wie des Mittelalters, der Renaissance, des Barock oder des Klassizismus finden sich v.a. bei Einzelobjekten. Eine Sonderstellung nimmt der Hochhausbau ein. Beginnend in den siebziger Jahren, ist er einem ständigen Wandel unterworfen, Höhe und Dichte werden immer größer. Der Hochhausrahmenplan definiert Gebiete, in denen solche Projekte realisiert und zu Clustern zusammengebunden werden dürfen. Auf diese Weise entstand die äußerlich pittoreske und fotografisch beliebte Skyline und kein ungeordneter Wildwuchs. Eine Gegenbewegung im Hinblick auf historische Szenerien und Stadträume manifestiert sich in der sog. Neuen Altstadt zwischen Dom und Römer. Hier wurde bis 2018 ein Quartier nach historischen Vorbildern und mit maßstäblich passenden Neubauten durchsetzt, das sich zum großen Anziehungspunkt für Bürger und Touristen entwickeln soll. Das beständige Wachstum Frankfurts schlägt sich auch in der Einwohnerzahl nieder, die bald die 750 000er-Marke übersteigen wird.

Stadtgeschichte in Daten

1. Jh. n. Chr.	Im letzten Viertel des Jahrhunderts entsteht auf dem Domhügel eine römische Siedlung.
Mitte 3. Jh.	Nach dem Rückzug der Römer übernehmen Alemannen die Siedlung.
nach 530	Die Franken erobern das Gebiet. Auf dem Domhügel wird ein fränkischer Königshof eingerichtet.
794	erste urkundliche Erwähnung als »Franconofurd« unter Karl dem Großen
815–822	Ludwig der Fromme lässt eine Pfalzanlage auf dem Domhügel errichten.
852	Unter Ludwig dem Deutschen wird die Pfalzkapelle St. Salvator geweiht. Sie ist Vorläufer des heutigen Doms St. Bartholomäus. Frankfurt wird eines der Zentren des ostfränkischen Reiches.
1147	erste belegbare Königswahl in Frankfurt (Heinrich, Sohn Kaiser Konrads III.). Bernhard von Clairvaux ruft in der Pfalzkapelle zum zweiten Kreuzzug auf.
um 1150	Die Frankfurter Messe wird erstmals erwähnt.
1152	Wahl Friedrich I. Barbarossas zum Deutschen König
2. Hälfte 12. Jh.	Errichtung des Saalhofs als neue Burganlage südlich der alten Pfalz; Bau der Staufenmauer um das erweiterte Stadtgebiet
1222	Erstmals wird eine steinerne Brücke über den Main erwähnt.
1240	Kaiser Friedrich II. bestätigt das Schutzprivileg der Frankfurter Herbstmesse.

1241	Pogrom gegen die Judengemeinde; erst ab 1255 erneute Ansiedlung von Juden
2. Hälfte 13. Jh.	zunehmende Stadtwerdung Frankfurts. Neben den vom König eingesetzten Vogt und Schultheiß treten Ratsherren als Vertreter der Bürgerschaft auf.
1311	Erstmals werden zwei vom Rat gewählte Bürgermeister erwähnt.
1320	Bildung einer städtischen Steuerverwaltung durch Einführung einer festen Stadtsteuer
1330	Kaiser Ludwig der Bayer gestattet die Abhaltung einer zweiten Messe (Frühjahrsmesse). Nachfolgend enormer Aufschwung als Handels- und Messestadt
1333	Ludwig der Bayer genehmigt die räumliche Erweiterung des Stadtgebiets. In der Folge Errichtung einer neuen Stadtbefestigung und der Landwehr; sukzessive Schleifung der alten Staufenmauer
1349	erneutes Judenpogrom; Wiederansiedlung erst ab 1360
1356	Kaiser Karl IV. bestätigt mit der Goldenen Bulle Frankfurt als ständigen Wahlort der Deutschen Könige.
1372	Frankfurt erhält von Kaiser Karl IV. die Pfandschaft über das Amt des Schultheißen und den Stadtwald. Durch das Judenregal kommt die jüdische Bevölkerung unter den Schutz der Stadt.
1405	Umbaubeginn des neuen Rathauses nach dem Erwerb der Häuser »Zum Römer« und »Zum Schwan«; seit etwa 1400 Wirken des Baumeisters Madern Gerthener in der Stadt, v. a. am Dom

1462	Umsiedlung der Juden in ein Ghetto am Ostrand der Stadt auf Befehl Kaiser Friedrichs III. Die Judengasse vor der Staufenmauer besteht faktisch bis 1796, rein rechtlich sogar bis 1811.
um 1480	Das Buchhandelswesen wird Bestandteil der Frankfurter Messe.
um 1500	Die Einwohnerzahl beträgt etwa 10 000.
1519	Krönung Karls V. zum König und künftigen Kaiser in Frankfurt
ab 1522	erste reformatorische Predigten in der Stadt
ab 1530	Frankfurt wird zu einem internationalen Zentrum des Buchdrucks und Buchhandels.
1533	offizielle Einführung der Reformation und Verbot des katholischen Gottesdienstes
1536	Beitritt der Stadt zum Schmalkaldischen Bund
1548	Die Niederlage des Schmalkaldischen Bundes gegen Kaiser Karl V. führt zum sog. Interim. Frankfurt wird gemischtkonfessionell. In der Folge Rückgabe des Domes sowie der Stifts- und Ordenskirchen an die Katholiken
1555	Der Augsburger Religionsfriede besiegelt das Nebeneinander der christlichen Konfessionen im Reich.
1562	Frankfurt wird mit der Inthronisierung Kaiser Maximilians II. nach Wahl- auch Krönungsort (bis 1792).
1585	Entstehung der Frankfurter Börse durch Festlegung von Wechselkursen und Handelsregeln
1631–35	während des Dreißigjährigen Krieges zeitweise Stationierung schwedischer Truppen; Ausbruch der Pest
1648	Im Westfälischen Frieden wird Frankfurt als Reichsstadt bestätigt.
1685	Aufhebung des Edikts von Nantes. Zuzug hugenottischer Glaubensflüchtlinge

1711–21	Drei große Brände zerstören die Judengasse und große Bereiche der Altstadt. Der Wiederaufbau nach neuer Bauordnung sorgt für veränderte Strukturen.
1742–45	Frankfurt wird für kurze Zeit Residenzstadt durch Kaiser Karl VII.
1749	Geburt Goethes
1759–63	Frankfurt wird im Siebenjährigen Krieg von französischen Truppen besetzt.
1792	letzte Kaiserkrönung Franz II.; Besetzung der Stadt durch französische Revolutionstruppen; weitere Besetzungen 1796, 1800 und 1806
um 1800	Die Einwohnerzahl beträgt ca. 35 000.
1803	Reichsdeputationshauptschluss: territoriale, staats- und kirchenrechtliche Neuordnung des Reiches, Auflösung geistlicher Fürstentümer, Säkularisation des Kirchengutes; Eingliederung fast aller Reichsstädte in neu gebildete Länder. Frankfurt kann seine Unabhängigkeit noch behaupten.
1805	beginnende Schleifung der Stadtbefestigung; Umwandlung der Wallanlagen in Gärten; in der Folge sukzessive Stadterweiterung
1806	Mit dem Ende des Heiligen Römischen Reiches Deutscher Nation verliert Frankfurt seinen Status als Reichsstadt und wird dem Fürstprimas Karl Theodor von Dalberg unterstellt.
1810	Neuschaffung des Großherzogtums Frankfurt. Bis 1813 weitreichende Reformen in Justiz, Verwaltung und Städtebau unter von Dalberg; Reform des Schul- und Bildungswesens
1815	Die Beschlüsse des Wiener Kongresses erklären Frankfurt zur Freien Stadt. Zusammenschluss mit

	drei anderen Freien Städten und 35 Staaten zum Deutschen Bund
1816	Frankfurt wird Sitz des Bundestages (bis 1866).
1833	Frankfurter Wachensturm: bewaffneter Versuch, durch einen Angriff auf die Haupt- und Konstablerwache eine Revolution auszulösen, den Bundestag zu stürzen und die Republik einzuführen. Die politische Aktion im Rahmen des Vormärz wird blutig niedergeschlagen.
1848/49	erste deutsche Nationalversammlung in der Paulskirche; Verabschiedung einer neuen Reichsverfassung mit Grundrechten für das deutsche Volk. Das erste demokratische Parlament in Deutschland scheitert jedoch am Widerstand der deutschen Fürsten.
1866	Annexion Frankfurts durch Preußen infolge des Deutschen Krieges; Verlust der Selbständigkeit und Eingliederung in die Provinz Hessen-Nassau. Frankfurt hat etwa 78 000 Einwohner.
10. 5. 1871	Reichskanzler Otto von Bismarck und der französische Außenminister Jules Favre schließen im Hotel zum Schwan den Friedensvertrag zur Beendigung des Deutsch-Französischen Krieges.
ab 1877	Eingemeindung Bornheims und 1895–1910 weiterer umliegender Ortschaften; enorme Stadterweiterung; dazu technische, städtebauliche und kulturpolitische Weiterentwicklung: Anlage einer systematischen Kanalisation (bis 1897), Errichtung der Börse (1879), der Oper (1880); Inbetriebnahme des ersten Telefonnetzes 1881, der ersten elektrischen Straßenbahn in Deutschland 1884; Eröffnung des Westhafens 1886, Einweihung des Hauptbahnhofs 1888

1890	Die Einwohnerzahl beträgt etwa 180 000 und wächst bis 1905 auf ca. 400 000.
1891–1912	Amtszeit des Oberbürgermeisters Franz Adickes; internationale Luftfahrtausstellung am Rebstock 1909, Eröffnung der Festhalle 1909, des Osthafens 1912 sowie der bürgerlich gestifteten Universität 1914
1914–18	während des Ersten Weltkriegs hohe Arbeitslosigkeit und Versorgungsengpässe
1918/19	Novemberrevolution; Frankfurter Arbeiter- und Soldatenrat
1924–33	Amtszeit des Oberbürgermeisters Ludwig Landmann; 1926 Einweihung des neuen Flughafens am Rebstock; 1928 durch Eingemeindung weiterer Ortschaften erneute Vergrößerung des Stadtgebietes
1925–30	Ernst May realisiert als Stadtbaumeister mit seinen Mitarbeitern die Errichtung zahlreicher Wohnsiedlungen des Neuen Frankfurt.
1928	Frankfurt hat etwa 538 000 Einwohner.
1933–45	schon 1933 Machtübernahme der Stadtregierung durch die NSDAP; Vertreibung des jüdischen Oberbürgermeisters Landmann; umfassend einsetzende Gleichschaltung; Baubeginn der ersten Reichsautobahn zwischen F-Niederrad und Darmstadt; 1936 Baubeginn des Rhein-Main-Flughafens; 1938 Pogromnacht mit Zerstörung der Synagogen und jüdischen Einrichtungen; 1941–44 Deportation von über 10 000 Juden in die Konzentrationslager. 1943/44: Alliierte Bombenangriffe zerstören große Teile der Innenstadt und fast die komplette historische Altstadt. Ende März 1945 erobern US-Truppen die Stadt.

1947 Die Stadt wird Sitz des Wirtschaftsrates der alliierten Trizone. Gründung der Bank deutscher Länder

1948 am 18. Mai Feier zum 100. Jahrestag der deutschen Nationalversammlung in der wiederaufgebauten Paulskirche

1949 Frankfurt wird im Wettstreit mit Bonn nicht Hauptstadt der Bundesrepublik, dafür durch die günstige Lage internationaler Verkehrsknotenpunkt (Flughafen) sowie Finanz- und Wirtschaftsmetropole (Banken, Börse, Messe).

1955 Die Einwohnerzahl steigt über 600 000.

1957 Gründung der Deutschen Bundesbank

1963 Beginn der Auschwitzprozesse; Besuch des US-Präsidenten John F. Kennedy

1968 Eröffnung der U-Bahn; Studentenproteste; erstes Attentat der späteren RAF auf zwei Kaufhäuser

1972 Mit dem über 100 m hohen AfE-Turm (Abriss 2014) Beginn des bis heute aktuellen Hochhausbaus in der Stadt (Skyline)

1981 Wiedereröffnung der Alten Oper

1984 Mit der Einweihung des Deutschen Filmmuseums und des Deutschen Architekturmuseums wird die Entwicklung des Frankfurter Museumsufers eingeleitet.

1994 Frankfurt wird Sitz des Europäischen Wirtschaftsinstituts (seit 1998 Europäische Zentralbank).

2001 Nach dem Wegzug der US-Militärverwaltung (seit 1995) wird das I. G.-Farben-Haus zum Campus Westend der Johann-Wolfgang-Goethe-Universität (Geisteswissenschaften) umgebaut und 2001 eröffnet.

2012 Die Einwohnerzahl übersteigt 700 000.

2015 Eröffnung des Neubaus der Europäischen Zentralbank

2018 Eröffnung der »neuen« Altstadt

Kulturkalender

Februar/März

Fasching: Großer Umzug (Sonntag), »Klaa Paris« (Dienstag)

März/April

Lichter Filmfest: Internationales Filmfestival; **Musikmesse**; **Starke Stücke**: Internationales Theaterfestival für junges Publikum (verschiedene Orte); **Luminale**: Biennale für Lichtkunst und Gestaltung, alle zwei Jahre – in ›geraden‹ Jahren. *Wiesbaden:* **Go East Filmfestival**: mittel- und osteuropäischer Film; **Frühjahrsfest**. *Hanau:* **Kultursommer**: Theater, Musik, Kleinkunst an verschiedenen Orten, bis August

April/Mai

Frühjahrs-Dippemess: Volksfest; **Nacht der Museen**: ca. 50 Museen und Galerien öffnen bis zu später Stunde. *Darmstadt:* **Willkommen auf der Mathildenhöhe**: Fest; **Frühjahrsmess**: Volksfest. *Hanau:* **Brüder-Grimm-Festival**: Theater, bis Juli. *Bad Vilbel:* **Burgfestspiele**: Theater und Kleinkunst, bis September

Mai/Juni

Rosen- und Lichterfest im Palmengarten; Wäldchestag: Volksfest an Pfingsten. *Darmstadt:* **Schlossgrabenfest**. *Wiesbaden:* **Schlossplatzfest**. *Rheingau:* **Rheingau Musik Festival**: verschiedene Orte, bis August

Juni/Juli

Höchster Schlossfest; Theaterfestival Tangente – Comoedia Mundi: Theater am Mainufer, bis August; **Stoffel**: Theater, Musik, Kleinkunst im Günthersburgpark

Juli/August

Barock am Main: Theater; **Sommerwerft**: Theater am Osthafen; **Die Dramatische Bühne**: Theater im Grüneburgpark, bis September; **Mainfest**: Volksfest; **Museumsuferfest**: Kunst- und Kulturfest; **Shorts at Midnight**: Kurzfilmfestival; **Bernemer Kerb**: Stadtteilfest, seit 1608; **Osthafen-Festival**: Hafen- und Musikfestival, alle zwei Jahre – in ›geraden‹ Jahren. *Darmstadt:* **Heinerfest**: Volksfest; **Residenzfestspiele**: Musikfestival. *Dreieichenhain:* **Burgfestspiele**: Theater

August/September

Herbst-Dippemess: Volksfest. *Wiesbaden:* **Stadtfest**

Oktober–Dezember

Buchmesse; Weihnachtsmarkt: ab Ende November; natürlich auch in vielen weiteren Städten im Umkreis. *Wiesbaden:* **exground filmfest**

Rundgänge

Siehe die Karte auf der hinteren Umschlagklappe.

Rundgang A:

Römer (S. 30), Gerechtigkeitsbrunnen (S. 33), Römerberg (S. 33), Steinernes Haus (S. 35), Neue Altstadt (S. 36), Dom St. Bartholomäus (S. 38), Leinwandhaus (S. 43), Kaiserpfalz Franconofurd (S. 44), Schirn Kunsthalle (S. 44), Stadthäuser Saalgasse (S. 45), Historisches Museum (S. 48), Haus Wertheim (S. 49), Alte Nikolaikirche (S. 46), Paulskirche (S. 57)

Rundgang B:

Opernplatz (S. 65), Alte Oper (S. 65), ehem. Hauptwache (S. 77), Börse (S. 78), Eschenheimer Turm (S. 79), Eschenheimer Tor (S. 78), ehem. Bayer-Haus (S. 79), Landwirtschaftliche Rentenbank (S. 79), Palaisquartier (S. 75), Katharinenkirche (S. 76), Zeil (S. 74), MyZeil (S. 75), Liebfrauenberg (S. 60), Liebfrauenkirche und Kloster (S. 61), Haus Paradies und Grimmvogel (S. 63), Kleinmarkthalle (S. 60)

Rundgang C:

Eiserner Steg (S. 133), Dreikönigskirche (S. 138), Museum für Angewandte Kunst (S. 133), DFF – Deutsches Filminstitut & Filmmuseum (S. 176), DAM (Deutsches Architekturmuseum) (S. 135), Museum für Kommunikation (S. 135), Städel Museum (S. 136), Holbeinsteg (S. 138), Liebieghaus (S. 138)

Weitere Besichtigungs- und Ausflugstipps:

Goethe-Haus (S. 64), Wallanlagen (S. 67), Palmengarten (S. 98), Senckenberg Naturmuseum (S. 97), I. G.-Farben-Haus (S. 101), Hauptfriedhof (S. 108), Heilig-Kreuz-Kirche (S. 114) in der Siedlung Bornheimer Hang, Höchster Altstadt mit Schloss und Justinuskirche (S. 123)

♦ **Römer** (I F6): Das Rathaus mit seiner charakteristischen Fassade aus gotischen Staffelgiebeln ist eines der bekanntesten Wahrzeichen Frankfurts. Es beherbergt mit dem Sitz des Stadtparlamentes und dem Büro des Oberbürgermeisters das politische Zentrum der Kommune. Zuvor, bis Anfang des 15. Jh.s, diente ein Gebäude an der Stelle des heutigen Domturms als Rathaus (erstmals 1288 urkundlich erwähnt). Als es gegen Ende des 14. Jh.s zu klein geworden war, entschied sich der Rat im Jahr 1405 gegen einen Neubau, wie zunächst geplant, und für den Kauf zweier älterer Gebäude. Er erwarb das Haus »Zum Römer« (von dem vermutlich der bis heute gängige Name des Rathauses wie auch der des davor liegenden Platzes, »Römerberg«, herrühren) und das seit 1380 dazu gehörige Haus »Zum Goldenen Schwan« und ließ sie innerhalb von zwei Jahren für seine Zwecke umbauen, erst durch Friedrich Königshofen, später durch Wigel Sparre. Bis ins 19. Jh. hinein wurde der Rathauskomplex durch Erwerb und Umbau von insgesamt elf Bürgerhäusern zu einer weitläufigen Anlage erweitert. Die prominente fünfteilige Baugruppe vom Römerberg aus gesehen von links nach rechts: Haus Alt-Limpurg (erst 1878 erworben), Haus Römer, Haus Löwenstein (1596 erworben), Haus Frauenstein und Salzhaus (beide 1843 erworben). Die weiteren Gebäude erstrecken sich rückwärtig entlang der Limpurger Gasse im Süden und dem Paulsplatz im Norden. Prominentestes Beispiel dort ist der Goldene Schwan, dessen Fassade 1731 von Johann Jakob Samheimer barock umgestaltet wurde. Nach dem wirtschaftlichen Niedergang der Altstadt um die Mitte des 19. Jh.s setzte in den 1870er Jahren mit der Gründerzeit ein Umschwung ein. 1896/97 wurde die Fassade der bis dahin weitgehend schmucklosen Dreigiebelfront nach Plänen Max Meckels im neugotischen Stil verändert. Dabei wurde der reich verzierte Balkon dem Haus Römer vorgesetzt und die Stufengiebel, Fenstergewände und Portale wurden mit gotisierenden Elementen geschmückt. Hinzu traten die Figur der *Francofortia* an der Südostecke des Hauses Alt-Limpurg und am zentralen Balkon die Skulpturen der Kaiser *Friedrich I.*, *Ludwig IV.*, *Karl IV.* und *Maximilian II.* Wappen alter Frankfurter Patrizierfamilien am Balkon sowie mit Frankfurt verbundener Städte am Haus Löwenstein ergänzten das Programm. In den Jahren 1900–08 wurde der Rathauskomplex nach Plänen von Franz von Hoven und Ludwig Franz Michael von Neher um fast die dreifache Größe nach Westen erweitert. Für das »Neue Rathaus« kamen dabei Formen von der Gotik bis zum Barock zur Anwendung. Es bestand aus einem Südbau mit zwei unterschiedlich hohen Türmen und einem Nordbau nahe der Paulskirche. Die beiden Teile wurden durch eine überbaute Brücke verbunden. Innerhalb des Gesamtgefüges bildeten sich mehrere Höfe aus, von denen das sog. Römerhöfchen besonders hervorzuheben ist. Neben den über 1000 Fachwerkhäusern der Altstadt wurden im Zweiten Weltkrieg, v. a. zum Römerberg hin, auch große Teile des Rathauses zerstört. Die steinernen Gebäude der Dreigiebelfront und des Goldenen Schwans brannten bis auf die Umfassungsmauern aus, Haus Frauenstein und Salzhaus bis auf das steinerne Erdgeschoss. Der Giebel des Hauses Römer stürzte ein. Verloren gegangen ist in diesem Zusammenhang die wertvolle historische Innenausstattung wie der Kaisersaal, die Kaisertreppe, das Kurfürstenzimmer oder die Geschlechterstube im Haus Alt-Limpurg. Weitgehend erhalten haben sich dagegen mit den massiven mittelalterlichen Gewölben der Römer- und Schwanenhalle die ältesten Gebäudeteile der Anlage sowie der Renaissance-Treppenturm im Römerhöfchen. Bei den meisten der historistischen Anbauten des Neuen Rathauses wurden dagegen nur die Dächer und oberen Geschosse in Mitleidenschaft gezogen. Hinsichtlich des Wiederaufbaus fiel der Beschluss, anstelle einer völligen Rekonstruktion moderne architektonische Lösungen zu finden. Die Entwürfe der Architektengemeinschaft Otto Apel, Rudolf Letocha, William Rohrer und Martin Herdt fanden schließlich Zustimmung. Der Innenausbau geschah mit dem Ziel, die Gebäude zu einem zusammenhängenden Komplex mit möglichst optimaler Aufteilung und Wegeführung zu verbinden. Die Gestaltung der Außenaufbauten war allerdings besonders beim Salzhaus in der öffentlichen Wahrnehmung umstritten. Unter Wahrung der historischen Proportionen wurden die Obergeschosse in Eisenbeton ausgeführt und mit Kalkstein verkleidet. Am Salzhaus wurden zudem auf der Römerbergseite sechs der Fassaden-**Holzrelieftafeln** des Bildhauers Johann Michael Hocheisen aus dem Jahr 1595 – sie waren in großer Zahl erhalten – in die Wand eingelassen. Die Fassade zur Braubachstraße wurde im östlichen Drittel durch ein drei Geschosse überspannendes **Glasmosaik** von Wilhelm Geißler geschmückt, das die Aufbruchstimmung nach Kriegsende symbolisieren sollte: Phönix erhebt sich aus der Asche der verbrannten Altstadt. Von der Limpurger Gasse aus erreicht man das **Römerhöfchen**. Es enthält einen kleinen, 1904 von Josef Kowarzik geschaffenen Brunnen mit einer bronzenen *Herkulesfigur*. Über den reizvollen offenen **Renaissance-Treppenturm** gelangt man in den **Kaisersaal**, den wohl bekanntesten Raum des Rathauskomplexes. Er ist in seiner heutigen Erscheinung ein Ergebnis des Wiederaufbaus nach 1945, reicht in seiner historischen Bedeutung jedoch bis in das 15. Jh. zurück. Besonders bemerkenswert ist die einzigartige Sammlung der Gemäldeporträts aller 52 Kaiser des Heiligen Römischen Reichs. Die durch verschiedene Stifter finanzierten Bildwerke entstanden zwischen 1838 und 1853 und waren vor der Kriegszerstörung ausgelagert worden. Heute finden im Kaisersaal regelmäßig Ehrungen und Empfänge statt.

Gerechtigkeitsbrunnen (auch **Justitiabrunnen**; Römerberg, I F6): Der Springbrunnen gegenüber dem Rathaus gilt als eines der Wahrzeichen der Stadt. Er erfüllte eine wichtige Funktion im Rahmen der Kaiserkrönungen. Während des feierlichen Umzugs vom Dom zum Römer hatte der König von Böhmen dem neu gewählten Herrscher als Erzmundschenk einen Becher Wein zu reichen. In diesem Zusammenhang wurde der Brunnen mit einem künstlichen Aufbau durch eine baumgeschmückte Felsengruppe und mit einem Doppeladler versehen. Aus zwei seitlichen Löwenköpfen floss der eigens dafür eingeleitete Wein. Nach der Ausübung des Erzamtes wurde der Wein der anwesenden Bevölkerung freigegeben. 1887 konnte durch eine Spende des Frankfurter Weinhändlers Gustav Mannkopf die zwischenzeitlich marode Anlage vollständig erneuert werden. Nach Entwürfen von Friedrich Schierholz entstanden der allegorische Säulenschmuck und eine neue Statue aus Bronze. Nach altem Vorbild wurden auch der Trog und der Unterbau der Säule ausgetauscht. In der Werkstatt von Alexander Linnemann wurde zudem ein umlaufendes Ziergitter angefertigt. Im Zweiten Weltkrieg nahezu unbeschädigt, konnten Brunnen und Justitia zuletzt 2018 restauriert werden. Am Bronzesockel sind auf vier Seiten weibliche Allegorien verschiedener Tugenden dargestellt. Die Reliefs zeigen zum Römer hin die *Liebe* (*Caritas*), nach Norden die *Gerechtigkeit* (*Justitia*), nach Osten die *Mäßigung* (*Temperantia*) und zur Nikolaikirche hin die *Hoffnung* (*Spes*). Die Figur der *Justitia* ist nicht, wie meist üblich, mit verbundenen Augen dargestellt: Sie blickt wachen und mahnenden Auges in Richtung Rathaus.

Der **Römerberg** (I F6) ist seit dem Hochmittelalter der zentrale Ort der Altstadt. Hier fanden die Umzüge nach den Kaiserkrönungen statt, ebenso wie zahlreiche Messen. Noch heute dient der Ort wechselnden Veranstaltungen, auch dem jährli-

Der Römerberg 1745 (kolorierter Kupferstich: Die Bürger huldigen Kaiser Franz I.)

chen Weihnachtsmarkt. Im Süden steht die Alte Nikolaikirche vor dem Hintergrund des neuen Historischen Museums, während der Platz nach Norden zum Paulsplatz hin, entgegen der sonst weitgehend geschlossenen Bebauung, zum Großteil offen ist. Ursprünglich standen hier sechs teils gotische, teils barocke Häuser; sie wurden 1904–06 im Zusammenhang mit dem Durchbruch der Braubachstraße abgerissen. In der Nachfolge entstanden vier Gebäude in historistischem Gewand. Der östliche, etwas höher liegende Teil des Römerbergs ist auch unter dem Namen Samstagsberg bekannt. Hinter den zum Platz gewandten Häusern Großer und Kleiner Engel, Goldener Greif, Wilder Mann, Kleiner Dachsberg, Großer Laubenberg, Kleiner Laubenberg und Schwarzer Stern erstreckte sich zum Dom hin das enge Straßengewirr der historischen Fachwerk-Altstadt, das den Luftangriffen 1944 zum Opfer fiel. Eine Teilbebauung am Samstagsberg aus den 1950er Jahren wurde im Rahmen des U-Bahn-Baus Anfang der 1970er Jahre wieder abgerissen. Etwa ein Jahrzehnt war die Fläche zwischen Dom und Römer danach weitgehend unbebaut, bis ein Wettbewerb 1980 einen historisierenden Wiederaufbau einleitete. In den Jahren 1981–83 entstand mit der sog. **Ostzeile** die räumlich abschließende Randbebauung des Römerbergs. Bei der Rekonstruktion der zerstörten, ursprünglich verputzten oder verschieferten Fachwerkhäuser konnte nur zum Teil auf sicher dokumentiertes Material zurückgegriffen werden. Das heute beliebte Fotomotiv der freiliegenden Fachwerkfassaden ist also eine Nachschöpfung. Hinter den Bauten der Ostzeile wurden in der gleichen Bauflucht moderne Wohn- und Geschäftsgebäude errichtet. In denselben Jahren wurden durch Neubau der Schirn Kunsthalle und der Stadthäuser in der Saalgasse weitere Baulücken aus der Nachkriegszeit geschlossen.

Das **Steinerne Haus** (Am Markt 44, I F6) ist ein historisches Gebäude am Verbindungsweg zwischen Römerberg und Dom. Der 1464 von der Frankfurter Patrizierfamilie Melem errichtete gotische Steinbau wurde 1898 durch die Stadt aufgekauft und in der Folgezeit nach Plänen des Baurats Franz von Hoven restauriert. Die im Zuge des Durchbruchs der Braubachstraße 1904–06 entfernten rückwärtigen Gebäude wurden durch einen stilistisch angeglichenen Bau in neugotischen Formen ersetzt. 1944 durch Luftangriffe weitgehend zerstört, wurde das Steinerne Haus im Gegensatz zu anderen Gebäuden im Dom-Römer-Areal 1959–62 aufwendig rekonstruiert. So ist es, neben dem erst in den 1980er Jahren restaurierten Leinwandhaus, der letzte erhaltene mittelalterliche Patrizierbau dieses Typus in Frankfurt. Es präsentiert sich als dreigeschossiges Gebäude über einem Grundriss von ca. 15 x 20 m. Die

Hauptfassade ist ebenerdig durch ein großes Spitzbogentor und seitliche Rundbögen fünfachsig gegliedert. Das Zwischenstockwerk darüber, die sog. Bobbelage, diente zu Messezeiten als Lagerraum. Über den Wohngeschossen liegen ein Wehrgang mit Zinnenkranz und Ecktürmchen sowie ein hohes Walmdach. An der südwestlichen Hausecke sitzt eine *Madonnenfigur* (Kopie, das stark beschädigte Original im Historischen Museum). Heute ist der Bau innen modern umgestaltet und Sitz des Frankfurter Kunstvereins.

Neue Altstadt (Markt, Hühnermarkt, Hinter dem Lämmchen, Braubachstraße, I F5–6): Spätestens ab 2004 wurde über die künftige Bebauung des Areals zwischen der Braubachstraße im Norden und der Schirn Kunsthalle im Süden diskutiert. Nach dem Abriss des 1970–74 nach Plänen der Architekten Bartsch, Thürwächter und Weber im Stil des Brutalismus errichteten Technischen Rathauses (2009–12) entwickelte sich die Idee, durch weitgehende Wiederherstellung der historischen Straßengrundrisse, die Rekonstruktion einer Reihe bedeutender Gebäude und einer entsprechend kleinteiligen Bebauung die verlorene Frankfurter Altstadt wieder zum Leben zu erwecken. Eine Gestaltungssatzung für das Dom-Römer-Areal legte 2010 die Richtlinien für die Gestaltung von Fassaden und Dächern und für die Verwendung bestimmter Materialien fest. Anfang 2012 wurde der symbolische Grundstein für die Neue Altstadt gelegt, im Oktober 2016 konnte das Richtfest gefeiert werden. Zwei Jahre später wurde das neue Quartier feierlich eröffnet. Unter Wiederherstellung des historischen Krönungswegs zwischen Dom und Römer entstanden 35 Neubauten, darunter 15 als schöpferische Nachbauten bezeichnete Rekonstruktionen bedeutender Gebäude. Als aufwendigstes Beispiel ist dabei sicher die **Goldene Waage** nahe dem Dom zu bezeichnen. Die Gesamtkosten für das Prestigeobjekt Neue Altstadt beliefen sich auf über 200 Millionen Euro.

Das Original: historische Aufnahme vom Haus zur Goldenen Waage

◆ **Dom St. Bartholomäus** (I G6): Als Wahl- und Krönungsort der deutschen Könige und Kaiser hat der Frankfurter Dom eine große Bedeutung innerhalb der deutschen Geschichte. Das größte Kirchengebäude der Stadt kann auf eine wechselhafte Bauhistorie zurückblicken. Bei archäologischen Grabungen wurde eine rechteckige Kapelle von 11 m Länge als Ursprungsbau ausgemacht; sie wurde als Teil eines merowingischen Königshofes gedeutet und um 680 datiert. Nach einem Brand um 790 entstand eine Saalkirche von 18 m Länge, die wohl als Pfalzkapelle der Reichssynode Karls des Großen von 794 anzusehen ist. Nach 840 ließ Ludwig der Deutsche einen Neubau errichten, der vermutlich 852 als Salvatorkirche geweiht wurde. Der dreischiffigen Basilika mit Querschiff und Mittelapsis wurde wohl im 12. Jh. eine Doppelturmfassade angefügt. Dem Anbau eines romanischen Chores im ersten Drittel des 13. Jh.s folgte 1239 die Umwidmung auf den neuen Patronatsheiligen St. Bartholomäus, dessen Reliquien schon einige Zeit zuvor in Rom erworben worden waren. Unter Erhalt der Westtürme und des Querschiffs begann um 1250 der Neubau des **Langhauses** mit Verbreiterung der Seitenschiffe. Die Maßnahme dürfte um 1269 vollendet gewesen sein. 1315 wurde der neue **Chor** begonnen. Der hochgotische dreijochige Bau übertraf das Mittelschiff an Höhe, Breite und Länge. Er wurde 1349 geweiht. In dieser Zeit wurde auch das karolingische **Querschiff** abgebrochen und durch einen Neubau ersetzt. Der nördliche Querarm entstand 1346–53, der südliche 1352–69. Das neunjochige Querschiff fiel länger aus als Chor und Langhaus zusammen. Seine drei mittleren Joche wurden erst 1409–11 durch Madern Gerthener eingewölbt. Im 14. und 15. Jh. ergänzten einige **Kapellenanbauten** das Erscheinungsbild der Kirche. Die Marienkapelle und die Sakristei nördlich des Chores entstanden 1351, die Magdalenenkapelle und die Wolfgangkapelle am südlichen Querschiff 1355. 1425 folgte die Wahlkapelle im Anschluss an die Magdalenenkapelle. Die Scheidskapelle schloss 1487 an die Wolfgangkapelle an. Zusammen öffnen sie sich zum Langhaus und wirken dadurch wie ein zusätzliches Seitenschiff. Im Jahr 1415 wurde schließlich nach dem Abbruch der karolingischen Westtürme der neue **Pfarrturm** ins Werk gesetzt. Er sollte wie die kurz zuvor begonnenen Türme in Straßburg oder Ulm durch seine Größe und Pracht das Selbstbewusstein der prosperierenden Reichsstadt darstellen. Das quadratische Erdgeschoss war bis 1423 vollendet, das erste Obergeschoss bei Gertheners Tod 1430/31 in Teilen. Es wurde 1447 fertiggestellt. Nach einer längeren Unterbrechung wurde der Bau 1483–91 unter Hans Flücke aus Ingelheim, 1491–97 unter Nikolaus Queck und danach unter Jakob Bach aus Ettlingen fortgesetzt. So entstand das schlanke Oktogon mit den vier Ecktürmchen. Ab 1504 wurde die Steilkuppel nach Entwürfen Gertheners aufgesetzt, der Bau aber 1514 nach fast 100-jähriger Bauzeit ohne abschließende Laterne eingestellt. In dieser Form überdauerte der Dom rund 350 Jahre, bevor er 1867 in Brand geriet. Den **Wiederaufbau** leitete der Würzburger Dombaumeister Franz Josef Denzinger. Dabei wurde das Langhaus, wie schon Ende des 14. Jh.s geplant, auf die gleiche Höhe wie Chor und Querschiff hoch gemauert, die Fenster und Streben wurden verändert und die Gewölbe und Dächer erneuert. Oktogon und Kuppel des Turmes wurden wieder errichtet. Dazu ließ Denzinger nach den erhaltenen Risszeichnungen Gertheners die abschließende Laterne aufsetzen und die reichen Schmuckelemente hinzufügen. Als weitere Maßnahme wurde die nördliche Turmvorhalle angefügt. Von den ehem. Stiftsgebäuden hat sich nur die Osthälfte des Kreuzgangs erhalten. Beim Umbau 1879/80 wurde ein neuer Westflügel gebaut und eine Anbindung an die Vorhalle geschaffen. Seit 1987 befindet sich im inzwischen überdachten Kreuzgang das Dommuseum.

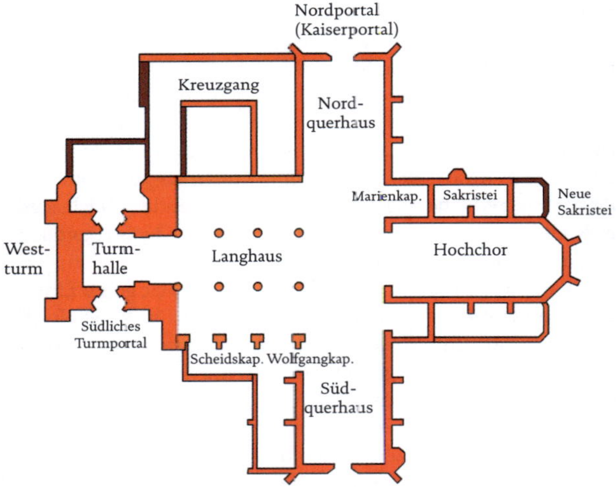

Dom, Grundriss

Insgesamt erscheint der Dom heute als dreischiffige Hallenkirche mit beherrschendem Frontturm. Durch das eher kurze Langhaus und das lange Querschiff wirkt St. Bartholomäus fast wie ein Zentralbau. Die Stirnseiten des Querhauses fallen durch reich gestaltete Portale auf, die um die Mitte des 14. Jh.s entstanden. Das einst bei Königswahlen genutzte **Nordportal** (auch »Kaiserportal« genannt) wird durch einen Mittelpfosten mit einer *Marienfigur* geteilt. Das Tympanon ist in eine Fensterrose aufgelöst. Bei den Konsolfiguren und den seitlichen Reliefs handelt es sich noch um Originale, die Statuen der Figurenreihe hingegen wurden 1884 erneuert. Die Tür ist mit Bronzereliefs von Hans Mettel versehen (Patriarchen des Alten

Testaments, 1965). Das **Südportal** zeigt die *Anbetung der Könige* und darüber eine *Kreuzigung*. Der *Hl. Josef* im Giebelfeld ist in jüdischer Tracht dargestellt. Seitlich sind der *Hl. Bartholomäus* und *Karl der Große* dargestellt, in den Medaillons Propheten. Der mittelalterliche Portalschmuck wurde bei der Renovierung 1869–80 teilweise erneuert. Die Doppeltür zeigt wiederum Bronzereliefs von Hans Mettel (Propheten des Alten Testaments, 1962).

Innenraum: Die **Vorhalle** trägt ein Sterngewölbe und enthält den letzten erhaltenen Barockaltar, den 1728 von Johann Nikolaus Martinegro gestifteten Maria-Himmelfahrt-Altar. Durch das nördliche Turmportal (1422/23, von Madern Gerthener) gelangt man in die **Turmhalle**. Dort befindet sich eine ausdrucksstarke, 1509 von Hans Backoffen gefertigte *Kreuzigungsgruppe*, die ursprünglich im Domfriedhof stand und dort später durch eine Kopie von 1917–19 ersetzt wurde. Dazu sind noch zwei Bischofsfiguren vom ehem. barocken Hochaltar zu sehen (Holz, 1663) sowie das Sandsteingrabmal des Kanonikers Heinrich von Rhein (1527). Das **Langhaus** wurde nach restauratorischem Befund 1991–94 in leuchtend dunkelroter Farbe gefasst. Die weiße Fugenmalerei ist dekorativ. Die quadratischen Pfeiler mit abgeschrägten Ecken und vier schlanken Runddiensten weisen bemalte Laubkapitelle auf, die Schlusssteine Gesichter- und Pflanzenmotive. An der Wand des nördlichen Seitenschiffs sind zahlreiche Grabmäler des 16.–18. Jh.s platziert sowie eine Figur des *Hl. Bartholomäus* von Oswald Onghers (1670). Im südlichen Seitenschiff befindet sich an der Westwand ein großes Kruzifix von Cornelius Andreas Donett (um 1730), in der Scheidskapelle ein Taufstein aus rotem Marmor mit kupfernem Deckel (um 1800). Die Wolfgangkapelle enthält ein Kreuzigungsgemälde der Donauschule (16. Jh.). Das **Querschiff** ist mit den vom Stadtpfarrer August Münzenberger um 1880 erworbenen Schnitzaltären ausgestattet, von denen die meisten um 1500 zu datieren sind. Viele von ihnen wurden mit nicht original zusammenhängenden Teilen ergänzt und so zu neuen Einheiten kombiniert. Im Südarm sind dies der Liebfrauenaltar, der Sippenaltar und der Apostelaltar, im Nordarm der Annenaltar und der Herz-Jesu-Altar. Im **südlichen Querschiff** ist ein fein gegliederter Mutter-Gottes-Baldachin (Ton, 2. Hälfte 15. Jh.) mit Reliefs der Kirchenväter und des *Hl. Bartholomäus* zu sehen; die *Marienfigur* stammt aus dem 19. Jh. Daneben ist ein Sakramentsgehäuse mit reichem Aufbau platziert, das 1480 von Nikolaus Eseler d. Ä. und Michael Eseler gefertigt wurde; die unteren Figuren wurden 1856 ergänzt. Ein Altarblatt mit der *Anbetung der Könige* (1619) stammt vom 1944 zerstörten Dreikönigsaltar. An der Westwand haben sich Reste der Ausmalung von 1882–90 erhalten (Entwurf Eduard von Steinle, Ausführung wohl Peter Högen). Dargestellt sind die *Versöhnung Ottos I. mit seinem Bruder Heinrich* sowie die *Kreuzzugspredigt des Bernhard von Clairvaux*. An der Wand gegenüber befindet sich ein gotisches Fresko mit Szenen aus dem Marienleben (um 1400). An der Ecke zum Chor steht der Apostelabschiedsaltar von 1523. In der Vierung hängt über der modernen Altarinsel (Ulrich Hahn, 1993) ein barockes Kruzifix von Cornelius Andreas Dornett (um 1720). Der aus Teilen unterschiedlicher Provenienz zusammengestellte Hochaltar im **Chor** stammt aus der Sammlung Münzenberger. Besonders beachtenswert sind das Chorgestühl aus Eichenholz von 1352, der gemalte *Bartholomäusfries* von 1407 sowie das prachtvolle Grabmal des Gegenkönigs von Karl IV., Günther von Schwarzburg. An der Chorhauptwand sind Auferstehungsszenen in Seccomalerei erhalten. Das gotische Sakramentsgehäuse wurde um 1415–20 gefertigt. Auch die **Chornebenräume** sind mit Kunstwerken ausgestattet. Die Magdalenenkapelle im Süden enthält das 1435 gestiftete *Heilige Grab* sowie das Altarblatt des ehem. Magdalenenaltars (1710). Die anschließende Wahlkapelle beherbergt die sieben Sessel der wahlberechtigten Kurfürsten sowie ein Passionstryptichon aus dem 15. Jh. Die abstrakten Glasfenster wurden 1993 eingebracht. In der Maria-Schlaf-Kapelle im Norden ist der prächtige Maria-Schlaf-Altar (1434 gestiftet, mehrfach restauriert) aufgestellt. Die Ausmalung des Raumes aus dem 19. Jh. hat sich ebenso erhalten wie die Fenster von 1881. Das **nördliche Querschiff** enthält Grabmäler des 14. Jh.s sowie Gräber der Familie Thurn und Taxis und dazu ein großes Ölgemälde von Anthonis van Dyck mit der *Kreuzabnahme* (1627/28). Der St.-Bartholomäus-Dom ist eine der acht Frankfurter Dotationskirchen. Im Jahr 1830 wurde infolge der Säkularisation der in Deutschland einmalige Dotationsvertrag zwischen der Freien Stadt Frankfurt und den christlichen Gemeinden geschlossen. In diesem bis heute gültigen Staatskirchenvertrag verpflichtet sich die Stadt zum Unterhalt der acht Innenstadtkirchen. Neben St. Bartholomäus zählen dazu die katholischen Bauten Liebfrauenkirche und St. Leonhard sowie die evangelischen Gebäude Alte Nikolaikirche, Katharinenkirche, Dreikönigskirche und Peterskirche sowie das Dominikanerkloster mit der Heiliggeistkirche.

Leinwandhaus (I G6): Das südlich des Doms stehende Haus wurde Ende des 14. Jh.s vermutlich von Madern Gerthener errichtet. Als städtisches Gebäude diente es ab 1399 per Ratsbeschluss hauptsächlich dem Leinwandhandel, dem es bis heute seinen Namen verdankt. Der zweigeschossige verputzte Bruchsteinbau zeigt typische Merkmale gotischer Profanarchitektur. Ebenerdig öffnen sich auf der Nordseite drei Spitzbogenportale, das Obergeschoss zeigt hohe Kreuzstockfenster, zwischen denen an der Seite zum Weckmarkt Figurennischen sitzen. Über einem umlaufenden Dreipassfries erhebt sich ähnlich wie am Steinernen Haus vor dem hohen Walmdach ein Wehrgang mit Zinnenkranz und polygonalen Ecktürmchen. In späteren Jahrhunderten diente das Gebäude neben dem Leinwandhandel u. a. als Lager für städtische Güter, Gefängnis, Kaserne, Lazarett, Gottesdienstraum und Gerichtsort. 1890–92 wurde es im Rahmen einer geplanten Nutzung als Teil des Historischen Museums umfassend renoviert. Dabei wurden Teile des Außenbaus wie das Dach mit den Ecktürmen historisierend zurückgebaut, um den mittelalterlichen Charakter des Gebäudes zurückzugewinnen. Es wurden Spolien alter Frankfurter Häuser in die Wände eingesetzt und die Eckbaldachine mit kupfernen Ritterfiguren geschmückt. Im Zweiten Weltkrieg wurde das Gebäude bis auf die Außenmauern zerstört und blieb bis 1980 als letzte Kriegsruine der Altstadt bestehen. In den Jahren 1980–83 wurde das Leinwandhaus durch die Architekten Giefer und Mäckler größtenteils originalgetreu rekonstruiert und diente als Sitz der Kommunalen Galerie und des Frankfurter Fotografie Forums. Seit 2008 ist das Caricatura Museum für Komische Kunst in dem Haus angesiedelt.

Kaiserpfalz Franconofurd (I G6): Anfang der 1970er Jahre wurden beim Bau der U-Bahn-Station Dom/Römer westlich von St. Bartholomäus Fundamentteile verschiedener historischer Epochen freigelegt. Es fanden sich Reste einer römischen Besiedlung, eines merowingischen Königshofes, der karolingischen Kaiserpfalz sowie spätmittelalterlicher Keller. Das freiliegende Areal wurde 1972/73 als Archäologischer Garten der Öffentlichkeit zugänglich gemacht. Im Rahmen des Dom-Römer-Projektes (Neue Altstadt) wurde der Garten 2013–16 von dem Stadthaus am Markt überbaut. 2018 wurde das Gelände in neuer musealer Präsentation wiedereröffnet. Neben den verschiedenen Fundamentresten und Informationstafeln enthält es ein Bronzemodell der karolingischen Pfalz und zwei digitale Projektionen der römischen und frühmittelalterlichen Phase.

Die **Schirn Kunsthalle Frankfurt** (I F6) wurde 1983–86 nach Plänen des Architekturbüros BJSS (Bangert, Jansen,

Scholz, Schultes) auf dem weitgehend brachliegenden Gelände der im Zweiten Weltkrieg zerstörten Altstadt errichtet. Der Bau dominiert den Platz zwischen der Bendergasse im Norden und der Saalgasse im Süden. Der Name nimmt Bezug auf den historischen Ort und leitet sich ab von den dort ehemals angesiedelten offenen Verkaufsständen der Metzger (Schirn). Das mit hellem Sandstein verkleidete Gebäude besteht aus mehreren ineinandergestellten Baukörpern. Südlich eines monumentalen Rundbaus mit Glaskuppel, der den Haupteingang enthält, liegt der in Ost-West-Richtung ausgedehnte 140 m lange und 10 m breite fünfgeschossige Ausstellungstrakt. Er ist zur Bendergasse hin durch einen offenen Wandelgang aufgelockert. Zur Saalgasse hin schließt sich in der Achse der Rotunde ein rechteckiger Kubus an, nach Norden ist ein halbrunder Bauteil angefügt, der das Schirn-Café beherbergt. Der Bau der Kunsthalle war wegen der alle historischen Proportionen sprengenden Ausmaße umstritten. Im Gegensatz zu dem ebenfalls als unmaßstäblich empfundenen Technischen Rathaus blieb die Schirn jedoch erhalten. Sie zählt zu den überregional bekannten Kunsthallen in Deutschland und zeigt regelmäßig vielbeachtete Ausstellungen mit großer Publikumsresonanz.

Stadthäuser Saalgasse (Saalgasse 2–28, I G6): Im Zusammenhang mit dem Bau der Kunsthalle Schirn (1983–86) entstand auch die postmoderne Häuserzeile in der Saalgasse. Die Planer der Schirn, das Architekturbüro BJSS (Bangert, Jansen, Scholz, Schultes), hatten vorgeschlagen, südlich der Kunsthalle eine Reihe von Stadthäusern als zeitgemäßen Ersatz für die dort im Zweiten Weltkrieg zerstörten Wohnbauten zu errichten. Angefragt wurden hierfür die Architekten, die beim Kunsthallen-Wettbewerb erfolgreich abgeschnitten hatten. So entstanden 1981–83 insgesamt zwölf Gebäude nach Plänen von zehn deutschen und zwei ausländischen Architekturbüros. Die

Parzellenbreite betrug in der Regel 7,50 m, die einheitliche Tiefe 10 m. Festgeschrieben waren eine viergeschossige Bebauung, zudem Wohnnutzung mit Ausnahme des Erdgeschosses. Die Sockelzone sollte betont werden, der Putz hell und das Dach mit Zink oder Schiefer bedeckt sein. Die Firsthöhe war festgelegt. Ansonsten war der Bezug zur ursprünglichen historischen Bebauung freigestellt. Das Ergebnis war ein äußerst vielgestaltiges Ensemble formaler Einfälle, von kleinteilig verspielten Elementen bis zur großen ausgreifenden Geste. Im Einzelnen entstammen die Häuser Saalgasse 2–4 dem Büro BJSS (Bangert, Jansen, Scholz, Schultes), Nr. 6 Architekt Aribert Herms (Berlin), Nr. 8 gmp Architekten Gerkan, Marg und Partner (Frankfurt), Nr. 10 Christoph Mäckler (Frankfurt), Nr. 12 Eisele + Fritz (Darmstadt), Nr. 14 Unglaub & Horvath (Frankfurt), Nr. 16 Berghof Landes Rang (Frankfurt), Nr. 24 Albrecht Jourdan Müller (Frankfurt), Nr. 26 Fischer Glaser Kretschmer (Frankfurt) und Nr. 28 Heinrici und Geiger (Frankfurt). Die etwas breiteren Parzellen Nr. 18 (Charles Moore, USA) und Nr. 22 (Adolfo Natalini, Italien) waren den ausländischen Architekten vorbehalten. Sie flankieren den als Nr. 20 zählenden Querriegel der Schirn, in dem die Musikschule Frankfurt untergebracht ist. In der Nachbetrachtung mutet die ebenso bunte wie abwechslungsreiche Häuserzeile wie ein nachgerade exemplarisches Modell dafür an, was postmoderne Architektur, losgelöst von funktionalistisch empfundenen Zwängen, an Stilmitteln und -mustern bieten konnte. Der Straßenzug ist heute ein bemerkenswertes Stück Architekturgeschichte.

Die evangelische **Alte Nikolaikirche** (I F6) bildet den südlichen Abschluss des Römerbergs. Im Jahr 1264 wurde sie erstmals urkundlich erwähnt, ein Weihedatum ist für 1290 überliefert. Archäologische Grabungen haben 1989 jedoch einen Vorgängerbau zutage gefördert. Es handelt sich um eine Saalkirche mit eingeschnürtem Rechteckchor, die vermutlich im

Zusammenhang mit dem Saalhof um die Mitte des 12. Jh. unter Kaiser Konrad III. als Hofkapelle errichtet wurde. Nach Abschluss der Grabung wurde der Verlauf der alten Fundamente im Fußboden der heutigen Kirche markiert. In der zweiten Hälfte des 13. Jh.s wurde die Kirche zu ihrer jetzigen Ausdehnung erweitert. Als älteste Bauteile der Hallenkirche können die unteren Mauern des Turms (um 1250) gelten. Das Erdgeschoss zeigt noch spätromanische Rundfenster, die darüber sitzenden Oktogongeschosse sind dagegen schon frühgotisch beeinflusst. Das Langhaus wurde im Kern 1270–90, der Chor um 1300 abgeschlossen. Das originale Maßwerk ist dort nur noch am nordöstlichen Chorfenster erhalten. In spätgotischer Zeit erfolgten weitere Umbauten. 1458/59 wurden die Turmobergeschosse durch Eberhard Friedberger aufgesetzt. Das Langhaus wurde 1466/67 durch Bartholomäus Schopfheim erhöht. Unter Hans von Lich erhielt der Bau an der West- und Nordseite eine umlaufende Galerie mit Maßwerkbrüstung, Ecktürmchen und Zinnen. Zusammen mit dem hohen Walmdach ist hier eine klare Annäherung an Patrizierhäuser wie das Steinerne Haus oder das Leinwandhaus zu erkennen. Obwohl rein rechtlich noch Filiale des Bartholomäusstiftes, fungierte die Nikolaikirche zunehmend als Ratskapelle des nahen Römer. Nach 1530 verlor sie ihre religiöse Funktion und diente bis 1719 als städtisches Archiv und Speicher. Nach einer Instandsetzung wurde sie ab 1721 wieder als evangelische Kirche genutzt. 1841–47 wurden im Rahmen einer neugotischen Restaurierung teilweise idealisierende Erneuerungen am Chorbogen und den Gewölben vorgenommen. 1905 folgte die Instandsetzung der Turmspitze nach dem Vorbild der ältesten bekannten Ansicht von Sebastian Münster (1545/50). Nach Beseitigung der Kriegsschäden beherbergt die Alte Nikolaikirche seit 1949 die evangelische Paulsgemeinde. Das Tympanon des Nordportals zeigt eine Darstellung der *Maria* mit Kind und seitlichen Frauenfiguren, die ebenso um 1300 entstanden sein dürfte wie zwei an der Süd- bzw. Westseite vermauerte recht verwitterte Tympana mit Darstellungen des Patronatsheiligen *Nikolaus*. **Innenraum**: Das Innere zeigt sich als asymmetrische zweischiffige Hallenkirche mit polygonalem Chor. Zwei oktogonale Pfeiler sowie Wandpfeiler und -vorlagen stützen das Kreuzrippengewölbe der drei Joche. Die Auflagen und Schlusssteine sind mit figürlichen und floralen Motiven geschmückt. **Ausstattung**: Zwei farbig gefasste Grabmäler für Siegfried zum Paradies (gest. 1386) und seine Frau Katharina von Wedel (gest. 1378) werden Madern Gerthener zugeschrieben (um 1410). Sie stammen ursprünglich aus der 1840 abgerissenen Heiliggeistkirche. Eine steinerne Skulptur *Christus an der Martersäule* wurde um 1370 gefertigt. Die Glasfenster mit Christus- und Apostelmotiven sind Arbeiten der Künstlerin Lina von Schauroth und wurden 1951 eingefügt.

◆ Das **Historische Museum** (I F6) geht auf eine bürgerliche Gründung der Jahre 1877/78 zurück. Ziel war die Sammlung von Kultur- und Kunstgegenständen mit Bezug zur Geschichte der Stadt und ihrer näheren Umgebung. Bis zur Zerstörung der Altstadt 1944 waren die Exponate in verschiedenen Gebäuden (u. a. dem Leinwandhaus) untergebracht. Die meisten konnten durch eine frühzeitige Auslagerung gerettet werden. Mitte der fünfziger Jahre zog das Museum in den wiedererrichteten, stadtgeschichtlich bedeutenden **Saalhof** am Mainkai. Die Anfänge des Saalhofs reichen bis in das 12. Jh. zurück und stehen in Verbindung mit der staufischen Königspfalz. An seiner Ostseite wurde 1208 der noch heute sichtbare halbrunde Kapellenanbau angefügt. Die Reste des Saalhofs sind nach der Justinuskirche in Höchst die ältesten erhaltenen Bauwerke der Stadt. Seit 1333 in bürgerlicher Hand, diente der Saalhof zu Messezeiten als Ausstellungshalle. In den Museumskomplex einbezogen wurde der am ehem. Fahrtor gelegene spätgotische

Rententurm (1454–56), der aufgrund seiner Lage am Main neben Wach- auch Zollaufgaben erfüllte. Das markante viergeschossige Gebäude über quadratischem Grundriss weist einen hohen Spitzhelm mit vier Ecktürmchen auf, der im Zweiten Weltkrieg teilzerstört und anschließend originalgetreu wiederaufgebaut wurde. Der Rententurm ist neben dem Eschenheimer Turm (s. S. 79) und dem Kuhhirtenturm (s. S. 141) einer der drei erhaltenen Tortürme der spätmittelalterlichen Stadtbefestigung. 1715–17 wurde der nach Osten an den Turm anschließende **Bernusbau** in barocken Formen umgestaltet, 1840–42 der daran anknüpfende **Burnitzbau** in neoromanischen Formen. Eine moderne Erweiterung des Museums in Richtung Nikolaikirche und Saalgasse erfolgte 1971/72. Das im Stil des Brutalismus errichtete Gebäude wurde 2011 zugunsten einer erneuten Vergrößerung der Ausstellungsflächen abgerissen. In ihrer heutigen, im Jahr 2017 nach Plänen des Stuttgarter Architekturbüros Lederer + Ragnarsdóttir + Oei eröffneten Gestalt umfasst die Anlage neben den großzügigen sandsteinverkleideten Neubauten auch die mainseitigen Trakte. Eine in staufischer Zeit gegenüber dem Haus Wertheim errichtete Hafenanlage wurde bei den Umbaumaßnahmen 2012 entdeckt. Sie ist heute in den Gesamtkomplex integriert. Der Zugang zum Museum erfolgt über einen um einige Stufen erhöhten Vorplatz, der die einzelnen Bauglieder räumlich verbindet. Eine 1843 von Johann Nepomuk Zwerger geschaffene überlebensgroße Sandsteinstatue *Karls des Großen* stand bis zum Jahr 2011 vor dem alten Eingang. Sie wurde 2016 als Kopie wieder an ihren ursprünglichen Standort, die Alte Brücke, verbracht.

Haus Wertheim (I F6) ist ein Fachwerkhaus aus der Zeit um 1600, gelegen am südlichen Rand des Römerbergs in der Nähe des Mainufers. Der Name (früher auch Wertheym) geht wohl auf ehem. Besitzer zurück, die aus dem südhessischen

Ort Wertheim stammten. Das heutige Gebäude ist das einzige weitgehend original erhaltene Fachwerkhaus, das die Zerstörung der Altstadt im Zweiten Weltkrieg überstanden hat. Das massive Erdgeschoss aus Sandstein zeigt weite, ehemals offene Rundbogenarkaden und verzierte Konsolsteine. Darüber sind zwei reich gestaltete Fachwerkgeschosse mit schlanken Mannfiguren und geschnitzten Eckständern versehen. Die aufwendig verzierten Fachwerkwände wurden erst 1926 freigelegt. In das verschieferte Dach wurden später unmaßstäbliche moderne Gauben eingesetzt. Ursprünglich diente das Gebäude wohl als Proviantlager der Mainschiffer sowie als Warenkontor. Im offenen Erdgeschoss und den Kellergewölben konnten v. a. zu Messezeiten Güter gelagert und gehandelt werden. Im 17.–19. Jh. fungierte das Haus Wertheim als Zollhaus und Wachlokal für die Stadtgarde.

♦ **St. Leonhard** (I F6): Die katholische Leonhardskirche liegt am Mainufer zwischen den Ausläufern des Römerbergs und dem Karmeliterkloster. Sie zeigt einen gedrungenen spätgotischen Baukörper mit aufragendem Mittelbau und niedrigen Seitenschiffen. Der hohe polygonale Chor wird von schlanken Türmen aus romanischer Zeit flankiert. An den Seitenschiffen ist im Osten je ein Nebenchor angefügt. Die Kirche wurde im Kern 1219 als spätromanische Kapelle St. Maria und Georg errichtet. 1317 wurde sie als Kollegiatsstiftskirche etabliert und mit dem Erwerb der Reliquien des Heiligen Leonhard 1323 umgewidmet. Der Um- und Ausbau zur heutigen Erscheinung erfolgte weitgehend zwischen 1430 und 1523. Der neue Chor mit polygonalem Schluss wurde dabei vermutlich von Madern Gerthener 1430 begonnen und nach seinen Plänen 1434 vollendet. Um 1450 wurde nördlich des Chores eine Kapelle angebaut (heute Sakristei und Brommenchor). Die Umwandlung des Langhauses in eine fünfschiffige Halle fiel in die ersten Jahrzehnte des 16. Jh. s. Unter den Baumeistern Hans von Bingen (bis 1507), Hans Baltz von Mertenstein und vermutlich Philipp von Gmünd kam es dabei zu mehreren Planwechseln. Anfang des 19. Jh.s wurden gotische Portale an der Süd- und Westseite des Baus aus Gründen des Hochwasserschutzes vermauert. In diesem Zusammenhang wurde im Inneren auch das Fußbodenniveau um fast 1 m angehoben, was die Raumproportionen deutlich verunklärte. Über dem ehem. Westportal ist die Kopie einer um 1395 datierten Madonna aus Sandstein angebracht (Original im Historischen Museum). Auch die ehem. rundbogigen Zugänge am nördlichen Seitenschiff wurden im 19. Jh. verändert. Dort sind Reste einer Außenkanzel zu sehen, die von der nördlichen Empore aus zugänglich war. Das nördliche Seitenschiff war ursprünglich als offene Vorhalle konzipiert, so dass die heute innen liegenden spätromanischen Portale weiterhin den eigentlichen Eingang in den Kirchenraum bildeten. Das westliche, auch heute noch als Hauptzugang genutzte Portal zeigt eine gestaffelte Bogenlaibung mit reichen Blattkapitellen über den spätgotisch erneuerten Säulen. Im Tympanon ist in der Mitte *Christus* mit einem aufgeschlagenen Buch dargestellt. Flankiert wird er von *Maria* und *Petrus* sowie von den knienden *Johannes* und *Georg*. Am unteren Rand ist die Inschrift »Engelbertus f« zu sehen, die vermutlich eher den Stifter als den Steinmetz bezeichnet. Das etwas kleinere und heute vermauerte Pilgerportal liegt östlich davon. Das bogenförmige Gewände ist mit Zickzackstab, Kugel- und Perlbändern sowie einem inneren Wulst gestaltet. Das Tympanon zeigt unter einem Dreipassrelief den *Hl. Jakobus* mit der Pilgermuschel zwischen zwei Pilgern.

Im **Innenraum** der Kirche mit seinem zentralisierenden Charakter beeindruckt v. a. die Vielfalt gotischer Gewölbeformen. Während der Chor sowie der mittlere und nördliche Teil des Langhauses mit Sterngewölben bedeckt sind, zeigt das südliche Schiff des Langhauses lediglich ein schlichtes Kreuz-

St. Leonhard, das romanische Hauptportal, um 1220, zum Zeitpunkt der Grabungsarbeiten 2005

gratgewölbe. Ausgesprochen reich fiel die Gestaltung der Seitenschiffdecken mit Netz- und Sterngewölben aus. Eine Besonderheit findet sich in der Salvatorkapelle am nördlichen Seitenschiff. Dort ist ein offenes Gewölbe mit freischwebendem Rippensystem zu sehen. Oberhalb des hängenden Mittelzapfens ist *Christus an der Martersäule* dargestellt, darüber ein thronender *Gottvater*. Den unteren Abschluss bildet das Wappen der bekannten Frankfurter Familie Holzhausen. Das vermutlich nach dem Vorbild der Grabkapelle im Schloss Meisenheim gestaltete Gewölbe war aufgrund seiner bemerkenswerten Ausführung schon früh eine Sehenswürdigkeit der Stadt. Ebenfalls aus gotischer Zeit haben sich v. a. beim Chor Wandmalereien erhalten, die allerdings im 19. und 20. Jh. restauriert und teilweise ergänzt wurden. Am Chorbogen findet sich eine vielfarbige Darstellung des *Jüngsten Gerichts*, an der Nordwand des Chores ist das apostolische Glaubensbekenntnis in Form des *Lebensbaums* abgebildet. Auf der gegenüberliegenden Seite sind *Maria* und *Johannes* unter dem *Kreuz Christi* zu sehen. Wohl noch auf die Mitte des 15. Jh.s ist ein Zyklus von Bildern unterhalb der Fenster im Chorschluss zu datieren. Sie zeigen Szenen aus dem Leben Christi. Zudem finden sich florale und ornamentale Malereien an der Empore und in den Gewölben der Seitenschiffe. In den Fenstern des Chores haben sich z. T. originale Glasmalereien aus der Zeit seiner Weihe 1434 erhalten. Das Mittelfenster oberhalb des Hochaltars zeigt eine *Kreuzigung* und darüber *Gottvater* zwischen *Christus* und *Maria*. In den seitlichen Fenstern sind Szenen aus dem Neuen Testament, Heilige und Wappen dargestellt. Die übrigen Fenster der Kirche stammen weitgehend aus der Zeit nach 1990. Zur **Ausstattung** des Gotteshauses zählen neben dem Weihwasserbecken von 1477 und der maßwerkverzierten Steinkanzel aus dem frühen 16. Jh. drei im Kern spätmittelalterliche Altäre sowie diverse Altarfragmente aus dem 19. Jh. und einige Skulpturen unterschiedlicher Provenienz und Entstehungszeit. Die teilweise vom Stadtpfarrer Münzenberger angeschafften Altäre kamen erst im 19. Jh. in die Kirche und stellen keine einheitlich gearbeiteten Werke dar, sondern bestehen aus zusammengesetzten Teilen unterschiedlicher Herkunft. Bemerkenswert sind etwa am Hochaltar der wohl Anfang des 16. Jh.s im schwäbisch-bayrischen Raum gefertigte Mittelschrein mit dem *Hl. Ulrich* mit weiteren Heiligen sowie die Predella mit Szenen aus dem Leben der Hl. Ursula (süddeutsch, 2. Hälfte 15. Jh.). Die bekrönende Kreuzigung ist wohl ein Überrest des ehem. Lettneraltars der Kirche. Hervorzuheben ist ebenfalls der vorzüglich geschnitzte Mittelschrein des Marienaltars, eine flandrische Arbeit aus den Jahren um 1480 mit über 80 Figuren. Auch der Kreuzaltar weist qualitätvolle Schnitzereien aus der Zeit um 1520 auf. Die im Zweiten Weltkrieg vergleichsweise wenig beschädigte Kirche wurde bereits 1946 wieder weitgehend instandgesetzt. Einer umfangreichen Sanierung am Außenbau ab 2005 folgte 2011 die Erneuerung und Restaurierung des Innenraums. Das Fußbodenniveau wurde dabei nach archäologischen Grabungen wieder auf das Level aus gotischer Zeit abgesenkt. Bei zusätzlichen Sicherungsmaßnahmen traten jedoch u. a. massive statische Probleme auf, so dass die geplante Wiedereröffnung immer wieder verschoben werden musste. Mittlerweile ist St. Leonhard wieder zugänglich.

Ehem. Karmeliterkloster (I F6): Das 1984–88 nach Plänen des renommierten Architekten Josef Paul Kleihues konzipierte **Archäologische Museum** (Karmelitergasse 1) vereint die nach der Kriegszerstörung 1944 erhalten gebliebenen Teile der Kirche St. Maria mit einem langgestreckten postmodernen Neubau entlang der Alten Mainzer Gasse. In den in Teilen 1955–57 verändert wieder aufgebauten Klostergebäuden nördlich davon sind das Institut für Stadtgeschichte und Büro- und

Ausstellungsräume untergebracht. Beide Komplexe sind durch den klösterlichen Kreuzgang miteinander verbunden.

Die Niederlassung der Karmeliter in Frankfurt geht auf das Jahr 1246 zurück. **St. Maria** wurde um 1270 begonnen, der Chor 1290 geweiht und ab 1300 mit dem Querhaus vollendet. Ab 1424 erfolgte ein spätgotischer Umbau, vermutlich unter Einfluss von Madern Gerthener. Dabei wurden alle Raumteile erhöht und eingewölbt, der Chor bis 1440, das Langhaus bis 1478 und das Querschiff um 1500 vollendet. Im Chor hat sich das Rippengewölbe mit Wappen an Konsolen und Schlusssteinen ebenso erhalten wie die 1494 südlich angefügte Annenkapelle mit ihren sternförmigen Netzgewölben. Nach 1510 wurde ein westliches Seitenschiff mit verzierten Sterngewölben an das Querhaus angebaut. Im 19. Jh. wurde das Gebäude profaniert und diente zeitweise als Warenlager, Kaserne, Feuerwache und Bühnenhaus des Theaters. Erst in den 1930er Jahren wurde die Kirche wieder saniert. Die ursprünglichen Netzgewölbe in Langhaus und Querschiff wurden dann 1944 zerstört. 1995 erhielt die Kirche vier neue Glocken und komplettierte dadurch nach über 40 Jahren das 1954 von Paul Smets komponierte Frankfurter Stadtgeläut. Die mittelalterlichen **Klostergebäude** waren 1460–1520 erneuert worden. Im Kreuzgang entstand durch Jörg Ratgeb nach 1513 ein gewaltiger Gemäldezyklus mit Szenen aus dem Alten und Neuen Testament. Im Refektorium stellten die Bilder Ratgebs und seiner Werkstatt die Geschichte des Karmeliterordens sowie Propheten dar. Der Kreuzgang und das zweischiffige Refektorium wurden nach dem Zweiten Weltkrieg in ursprünglicher Form wiederhergestellt, die übrigen Gebäude hat man in schlichter zeitgemäßer Form modernisiert. Die bedeutende vielschichtig komponierte Temperamalerei Ratgebs war durch Brand 1943/44 und Witterung stark beschädigt worden. Einige Bereiche des eindrucksvollen Zyklus wurden 1980–86 unter teilweiser Neuschöpfung restauriert.

Ehem. Karmeliterkloster, Jörg-Ratgeb-Fresko: *Beginn der Wirksamkeit Jesu*, ca. 1514–21

Berliner Straße (I F5–6): Im Zuge der Neubebauung der weitgehend kriegszerstörten Altstadt entschloss sich der Magistrat, eine autogerechte Ost-West-Achse zu schaffen. Ab 1952 wurde die Berliner Straße (bis 1955 »Straße an der Paulskirche«) als vierspuriger Durchbruch angelegt. Von der Battonstraße bis zur Neuen Kräme folgt sie dem Verlauf der alten Schnurgasse und führt ab dem Paulsplatz ohne Berücksichtigung des historischen Stadtgrundrisses in leichter Biegung über die Weißfrauenstraße zum Willy-Brandt-Platz. War die Wohnbebauung der Nachkriegszeit um Dom und Römer v. a. nach funktionalen Gesichtspunkten errichtet worden, so finden sich entlang der Berliner Straße neben der Paulskirche einige Neubauten der fünfziger Jahre, die sich qualitativ von der ansonsten weitgehend gesichtslosen Architektur des Quartiers abheben. Neben dem ehem. **Bundesrechnungshof** (Nr. 51, 1953–55, von Friedel Steinmeyer und Werner Dierschke), der 1952 nach Plänen von Max Meid und Helmut Romeick errichteten **Wohn- und Geschäftszeile** (Nr. 20–26) und dem 1955 als erstem Nachkriegs-Appartementhochhaus in Frankfurt erbauten **Neff-Hochhaus** (I G5; Pläne wohl von Johannes Krahn) ist hier v. a. das 1956 von Otto Apel und Eberhard Brandl konzipierte **Galerie-, Wohn und Bürogebäude Berliner Straße 27** zu nennen. Das elegante Bauwerk war als Hommage an Le Corbusiers Schweizer Pavillon in Paris gedacht und wurde kürzlich denkmalgerecht saniert.

Paulskirche (I F5–6): Seit in ihr 1848/49 die erste frei gewählte Volksvertretung der deutschen Länder als Nationalversammlung tagte, gilt die Frankfurter Paulskirche neben dem Hambacher Schloss als Symbol der demokratischen Bestrebungen in Deutschland. Im Zweiten Weltkrieg bis auf die Umfassungsmauern ausgebrannt, wurde sie als eines der ersten Gebäude Frankfurts wiederaufgebaut und im Gedenken an den 100. Jahrestag der Nationalversammlung am 18. Mai 1948 wiedereröffnet. Seither ist die Paulskirche als »Haus aller Deutschen« auch ein nationales Denkmal. Sie wird heute vorwiegend als kultureller Veranstaltungsort und Ausstellungsstätte genutzt. ◆

An gleicher Stelle befand sich früher das seit 1270 urkundlich belegte Barfüßerkloster. Nach Einführung der Reformation wurde dieses Kloster 1529 an die Stadt übergeben. Die Barfüßerkirche blieb bis 1782 als größter protestantischer Gottesdienstraum evangelische Hauptkirche Frankfurts. Infolge massiver Bauschäden beschloss der Rat der Stadt dann jedoch den Abbruch des gotischen Gebäudes, der 1787 abgeschlossen war. Ein Neubau wurde 1789 durch Johann Georg Christian Hess nach Plänen des Stadtbaumeisters Johann Andreas Liebhardt begonnen. Bis 1792 entstand der Rohbau, der 1796 ein Dach und 1802 schließlich Fenster erhielt. Danach ruhten die Arbeiten aus finanziellen und politischen Gründen bis zum Jahr 1830. Erst dann konnte der 1816 als Stadtbaumeister und Nachfolger seines Vaters ernannte Johann Christian Friedrich Hess das Vorhaben vollenden. Eingeweiht wurde die kurz zuvor dem Apostel Paulus umgewidmete Kirche im Sommer 1833.

Das in klassizistischen Formen aus rotem Mainsandstein errichtete Gebäude präsentiert einen elliptischen Zentralbau mit einer zweigeschossigen Anordnung rundbogiger Fenster und einem ursprünglich hohen Dach. Im Süden erhebt sich ein dreistöckiger Glockenturm mit Pilastergliederung und schlanker Haube, auf der Nordseite sind zwei rechteckige Treppenhausvorbauten angefügt. Nach der Kriegszerstörung 1944 wurde der renommierte Architekt Rudolf Schwarz 1946 mit dem Wiederaufbau betraut, den er zusammen mit Johannes Krahn, Eugen Blanck und Gottlob Schaupp durchführte. Es war nicht nur der Mangel an Geld oder verfügbarem Baumaterial, sondern eine bewusste Entscheidung, die Ruine in schlichter Form zu erneuern. Anstelle der früheren Kuppel setzte man ein abgeflachtes Dach auf und fügte einfache Milchglasfenster ein. Ein Zwischenboden trennt die mittlerweile für Ausstellungen genutzte Wandelhalle im Erdgeschoss vom eigentlichen Saal darüber. Dieser ist mit weiß getünchten Wänden und dunkler Bestuhlung einfach gehalten. Eine Orgel an der Stirnwand und ein Podest davor ermöglichen im Prinzip weiterhin eine kirchliche Nutzung. Der Raum wird durch die hohen Fensterflächen und ein Oberlicht in der Decke erhellt. In der Wandelhalle umzieht das 1987 von Johannes Grützke geschaffene und an die Nationalversammlung erinnernde Wandgemälde *Der Zug der Volksvertreter* den inneren Kern des Baus.

Neben zahlreichen Gedenktafeln an den Außenwänden der

Kirche prägen v. a. drei Denkmäler die direkte Umgebung des Gebäudes. An der Nordseite neben dem östlichen Portal befindet sich das **Denkmal für den ersten Reichspräsidenten Friedrich Ebert** (1950, Richard Scheibe). Am nordwestlichen Treppenhaus steht ein **Mahnmal für die Opfer des Nationalsozialismus** (1964, Hans Wimmer). Südöstlich der Kirche ist auf dem Paulsplatz das nach Entwürfen des Architekten Friedrich Hessemer 1903 vom Bildhauer Hugo Kaufmann gefertigte **Einheitsdenkmal** für die Vorkämpfer der Deutschen Einheit situiert.

Das **MMK – Museum für Moderne Kunst** (I G5) wurde 1981 gegründet. Den offenen Ausschreibungswettbewerb gewann 1983 der Wiener Architekt Hans Hollein. Das nach seinen Plänen konzipierte Gebäude wurde 1991 eröffnet. Der dreiecksförmige Bau, im Volksmund scherzhaft »Tortenstück« genannt, füllt nahezu das ganze Grundstück zwischen Berliner Straße, Braubachstraße und Domstraße aus. Die postmoderne Gestaltung der Fassaden nimmt in Gebäudehöhe, Form und Material Bezug zur umliegenden Bebauung. Die markante Sockelzone aus rotem Sandstein öffnet sich im Südwesten in Richtung Dom und historischer Altstadt. Der Eingangsbereich ist dabei durch eine gestaffelte Pfeiler- und Arkadenstellung hervorgehoben. Während zur Domstraße die Obergeschosse des dreistöckigen Baus durch schlanke Metallstreben gegliedert werden, schirmt die nahezu geschlossene Nordwand das Museum zur Berliner Straße hin ab. Tageslicht gelangt weitgehend über Oberlichter nach innen. Dort beherbergen drei Hauptebenen die Exponate, in einem Zwischengeschoss über dem Eingang ist der Verwaltungsbereich angesiedelt. Im Keller befinden sich Werkstätten, Depots und ein Vortragssaal.

Staufenmauer (I G5): Von der in staufischer Zeit um 1180 entstandenen Stadtmauer hat sich lediglich ein Rest entlang der Fahrgasse erhalten. Die etwa 7 m hohe und innen mit

Rundbogennischen versehene Bruchsteinmauer besaß ehemals einen Wehrgang. Nach außen war ein Trockengraben vorgelagert. Der Befestigungsverlauf zum Schutz der Altstadt ist von der Fahrgasse westlich in etwa entlang der Straße Holzgraben über die Katharinenpforte zum Kleinen und Großen Hirschgraben noch nachvollziehbar. An der Westseite der Liebfrauenkirche hat sich noch ein weiterer Rest der Ummauerung erhalten, da der Kirchturm ursprünglich als Teil der Befestigung diente.

Kleinmarkthalle (I F5): Die Architekten Gerhard Weber und Günther Gottwald konzipierten 1954 eine langgestreckte Stahlbetonkonstruktion, die zwischen zwei Kopfbauten mit den Haupteingängen im Westen und Osten eingespannt ist. Der Westbau wie die Halle selbst hat einen trapezförmigen Querschnitt und erhöht sich von 7,80 m an der Südseite bis zu 13 m an der Nordseite. Die dortige Wand ist fast ganz in Drahtglas aufgelöst, wodurch genügend Licht in die Halle gelangt. Der ganz unterkellerte Bau hat entlang der Südwand innen eine durchlaufende Galerie für zusätzliche Ladengeschäfte und im Westen auf dieser Ebene ein Restaurant mit Terrasse. Anlieferungs- und Parkflächen gibt es im Norden und Süden. Die denkmalgeschützte Kleinmarkthalle wirkt mit ihrem gehobenen Warenangebot und ihrem spröden Charme als Anziehungspunkt in der City.

Der **Liebfrauenberg** (I F5) war nach dem Römerberg der zweitgrößte Platz der mittelalterlichen Stadt. Auf ihm wurden Haushaltswaren und später auch Vieh gehandelt. Ende des 15. Jh.s wurde auf dem Platz ein Brunnen errichtet, der allerdings 1769 abgerissen und 1770 durch einen spätbarocken Nachfolger ersetzt wurde: Nach Plänen des Stadtbaumeisters Johann Andreas Liebhardt schuf der Bildhauer Johann Michael Datzerat den ovalen Sandsteinbrunnen mit seiner geschwungenen Brüstung. Auf dem Brunnenstock sitzt ein rustizierter

Obelisk, bekrönt von einem vergoldeten Sonnensymbol. Den unteren Bereich zieren u. a. das Stadtwappen und Putten. Seitlich sitzen Skulpturen der Flussgötter *Moenus* (*Main*) und *Rhenus* (*Rhein*). Die gesamte Sockelzone ist reich mit maritimen Motiven verziert. Im Zweiten Weltkrieg von Zerstörung weitgehend verschont, wurden die witterungsbedingt beschädigten Figuren und der Obelisk 1970–72 durch Kopien ersetzt.

Liebfrauenkirche und Kloster (I F5): Die katholische Liebfrauenkirche (Liebfrauenberg) geht auf eine Marienkapelle zurück, die 1318 vom Frankfurter Patrizier Wigel von Wanebach gestiftet und wohl bis 1321 erbaut worden war, am nördlichen Rand des damaligen Stadtgebietes entlang der im späten 12. Jh. errichteten Staufenmauer. 1325 wurde die Kapelle vom Mainzer Erzbischof zur Stiftskirche Unserer Lieben Frau erhoben. Sie war damit nach dem Bartholomäusstift und dem 1317 gegründeten Leonhardsstift das dritte Stiftskapitel der Stadt. 1344 wurde das Gebäude zu einer dreischiffigen gotischen Halle vergrößert. Ein weiterer, wahrscheinlich von Madern Gerthener begonnener Umbau erfolgte im frühen 15. Jh. Bei der Umgestaltung der Südfassade entstand über dem Eingang das bedeutende Tympanon mit der *Anbetung der Könige*. 1430 wurde eine Sakristei, die heutige Anbetungskapelle, angefügt. Nach 1450 wurde der im Nordwesten der Kirche gelegene Turm der Stadtbefestigung zum Glockenturm ausgebaut. 1477 erfolgte die Einwölbung des Langhauses mit einem Netzgewölbe. Mit der Verlängerung des Chores 1506–09 endeten vorerst die Baumaßnahmen. Bei der umfassenden Barockisierung der Kirche 1763–71 wurden u. a. die Obergeschosse des Turmes achteckig erneuert und mit einer Welschen Haube versehen, im Inneren wurde der Lettner abgebrochen. 1824 erhielt das Gebäude am südseitigen Zugang eine Vorhalle nach Plänen des Architekten Friedrich Rumpf. 1944 wurde die Kirche bis auf die Umfassungsmauern des Chores und Teile des Schiffes zerstört, die wertvolle Ausstattung fiel bis auf wenige Stücke den Flammen zum Opfer. Nach ersten Notmaßnahmen zur Sicherung der Ruine und der provisorischen Nutzung des Chores für Gottesdienste wurde die Kirche ab 1953 in leicht veränderter Form wiederaufgebaut. Dabei entstand u. a. an der Südwestecke eine geräumige zweistöckige Vorhalle. Die spätgotischen Netzgewölbe im Langhaus ersetzte man durch Flachdecken. Die von den wertvollen Barockaltären geretteten Figuren wie die Gruppe der *Himmelfahrt Mariens* sowie verschiedene Apostel und Heilige sind heute im Chor bzw. an den Langhauspfeilern und in der Anbetungskapelle aufgestellt. Es handelt sich um Arbeiten des Mainzer Bildhauers Johann Jakob Juncker von 1763–65. Die Seitenaltäre im Langhaus sind aus verschiedenen Teilen zusammengesetzt, der Annenaltar in der Anbetungskapelle stammt aus der Sammlung des Stadtpfarrers Münzenberger. Der Taufstein von 1676 wurde aus Heidelberg-Handschuhsheim übernommen. Die Kirche weist im Inneren wie an den Außenwänden zahlreiche Epitaphien aus der Zeit des 14.–18. Jh.s auf. Bemerkenswert sind darunter v. a. der Bildnisgrabstein des Stifters Wigel von Wanebach (1322) im Schiff und das Grabmal des Ditwin Markel von Friedberg (1467) im Chor. Bei Restaurierungsarbeiten konnte im Frühjahr 2019 ein Mosaikkreuzweg des Malers Ludwig Becker aus den 1950er Jahren freigelegt werden. Die Liebfrauenkirche zeigt sich heute als dreischiffige Hallenkirche mit eingestelltem Glockenturm im Nordwesten und prominenter Vorhalle im Südwesten. Der repräsentativ gestalteten Schaufassade zum Liebfrauenberg sind ebenerdig niedrige Ladenanbauten vorgesetzt, wie es sie in anderer Form schon im Mittelalter gegeben hat. Der hohe Chor überragt mit seinem Dach das Langhaus. Eingebunden ist die Liebfrauenkirche in die Anlage des Kapuzinerklosters (Schärfengäßchen 3), das 1924/25 nach Plänen des Architekten Martin Weber in expressionistischen Formen errichtet wurde. Durch ihre zentrale Lage in der City bieten die Kirche und der öffentlich zugängliche Teil des Klosterhofs einen willkommenen Ort der Stille. Die Mönche des Klosters und ihre freiwilligen Helfer leisten zudem eine wichtige seelsorgliche und karitative Arbeit im großstädtischen Umfeld.

Das an der Ecke Liebfrauenberg und Neue Kräme stehende **Haus Paradies und Grimmvogel** (Liebfrauenberg 39, I F5) ist das einzige aus der Zeit vor dem Zweiten Weltkrieg erhaltene Haus am Platz. Das 1775 von J. W. Kayser in spätbarocken Formen errichtete Palais ersetzte vermutlich die beiden mittelalterlichen Häuser Paradies und Krimmvogel. Der an beiden Flanken siebenachsige verputzte Steinbau wird durch eine rustizierte Erdgeschosszone mit Eckquaderungen charakterisiert. Zwei flache vierachsige Mittelrisalite weisen große Wappenkartuschen in den jeweiligen Giebelfeldern auf. 1898 wurden ebenerdig Ladenlokale eingerichtet. Das 1944 zerstörte ursprüngliche Mansarddach wurde in vereinfachter Form ersetzt.

Parkhaus Hauptwache (I F5): 1956 entstand in zentraler Lage zwischen Kornmarkt, Bleidenstraße und Sandgasse das erste öffentliche Parkhaus Frankfurts. Es war zugleich eines der ersten überhaupt in Deutschland. Die Architekten Max Meid und Helmut Romeick schufen ein vierstöckiges Gebäude aus Stahlbeton für knapp 400 Autos und etwa 60 Motorräder. Die Stirnseiten sind zum Stoltzeplatz und an den südlichen Ecken mit roten Klinkern und gelben Einsprengseln verkleidet. Die Längsseiten werden weitgehend durch horizontale Glasbänder aufgelöst, die nach Norden um die Ecke geführt sind. Umlaufende blaue Lamellenbrüstungen gliedern die vier Geschossebenen. In der Erdgeschosszone sind Ladengeschäfte untergebracht. Das Gebäude mit seinem Wechselspiel von geschlossenen Wänden und offenen Glasfassaden ist von einem leicht geknickten Flugdach bedeckt, dessen Aufwärtsbewegung als zeitgemäße Symbolik verstanden werden kann. Bis in die siebziger Jahre befand sich vor der Zufahrt am Kornmarkt eine Tankstelle. 1993 wurde in diesem Bereich die Metallskulptur *Modulor* von Eberhard Fiebig aufgestellt.

◆ **Goethe-Haus** (I F5): Das Anwesen war seit 1733 im Besitz von Goethes Familie, bei der Geburt des Dichters 1749 bestand es aus zwei Fachwerkhäusern des 16. Jh.s. Unter Erhalt der deutlich vorkragenden Geschossebenen erfolgte 1755/56 ein Umbau zu einem repräsentativen zusammenhängenden Gebäude in spätbarockem Stil. So entstand über einem steinernen Erdgeschoss ein dreistöckiger verputzter Fachwerkbau mit großzügiger Fensteranordnung, Zwerchhaus und hohem Walmdach. 1944 wurde das Gebäude stark zerstört; als eine der ersten Nachkriegsmaßnahmen stellte man es (wie auch die Paulskirche) schon ab 1946 mit den Resten ursprünglicher Bauteile und der ausgelagerten Einrichtung wieder her (Eröffnung 1951).

Westlich der Altstadt: vom Opernplatz bis zur Untermainbrücke

Der **Opernplatz** (I E5) ist einer der beliebtesten Plätze der Frankfurter Innenstadt. Hier treffen Geschichte und Gegenwart in höchst anschaulicher Weise zusammen. Vor der Schleifung der Stadtbefestigung zu Beginn des 19. Jh.s lag hier das Bockenheimer Tor, durch das der Weg nach Nordwesten zur Ortschaft Bockenheim führte. Am Beginn der Bockenheimer Landstraße dominiert der von Christoph Mäckler entworfene 170 m hohe **Opernturm** den Platz. Der 2007–10 errichtete Wolkenkratzer erhebt sich über einem sechsstöckigen Sockelbau und ist optisch zweigeteilt. Die Rasterfassade ist mit Werkstein verkleidet. Die 18 m hohe Lobby in der Bockenheimer Landstraße wird durch das riesige Gemälde *Ahab* des Künstlers Julian Schnabel ausgefüllt. Nach Süden öffnet sich der Opernplatz zum Grüngürtel der ehem. Wallanlagen und bildet einen reizvollen Vordergrund für die dahinter aufragende Skyline des Bankenviertels. In Richtung Hauptwache hat sich dagegen eine Häuserzeile aus der Erbauungszeit der Alten Oper erhalten. Reich geschmückte Gebäude im Stil der Neorenaissance repräsentieren zusammen mit dem Festspielhaus und dem ebenfalls von Richard Lucae entworfenen Opernbrunnen sowie dem letzten erhaltenen Kandelaber die ursprüngliche historische Pracht des Platzes.

Die städtebaulich exponierte **Alte Oper** (I E5) ist eines der ◆ repräsentativsten Gebäude der Stadt. Sie wurde 1873–80 nach Plänen des Berliner Architekten Richard Lucae als monumentaler Neorenaissancebau errichtet. Nach Lucaes Tod 1877 führten Johann Albrecht Becker und Eduard Giesenberg das Vorhaben nach seinen Entwürfen zu Ende. Als Material wurde heller Kalkstein verwendet. Die Einweihung erfolgte am 20. Oktober 1880 im Beisein Kaiser Wilhelms I. mit Mozarts Oper *Don Giovanni*. Die Eingangsseite zum Opernplatz zeigt eine dreifache Höhenstaffelung mit rustizierter Vorhalle über dem Treppenzugang, zweigeschossigem Vestibül und breit gelagertem Hauptgebäude. Die Fassaden sind reich verziert und mit allegorischen Reliefs und Skulpturen geschmückt. In der Mittelachse über dem Tympanon des Vestibüls thront eine *Pantherquadriga*, der Dachfirst des Hauses wird von einem *Pegasus* beherrscht. 1944 wurde die Oper bis auf die Außenmauern zerstört und blieb über Jahrzehnte als Ruine im öffentlichen Raum bestehen. Erst in den siebziger Jahren gelang es durch bürgerliches Engagement, die gefährdete Ruine wieder instandzusetzen. Die Architekten Braun, Schlockermann und Voigt rekonstruierten den Außenbau sowie im Inneren die Eingangshalle und drei Foyers. Ein neuer großer Saal und zwei kleinere Säle wurden wie die übrige Einrichtung modern gehalten. Da der Opernbetrieb in Frankfurt jedoch schon im Komplex der Städtischen Bühnen am Willy-Brandt-Platz untergebracht war, wurde die Alte Oper vornehmlich als Konzert- und Kongressgebäude konzipiert. Beim Wiederaufbau wurde das Skulpturenprogramm der Fassaden restauriert bzw. in Teilen erneuert. Eröffnet wurde der Bau am 28. August 1981.

◆ Der **Main Tower** (I E5) wurde 1996–99 nach Plänen des Hamburger Architekturbüros Schweger & Partner erbaut. In den Bau eingebunden ist die neoklassizistische Fassade eines 1913 von Josef Rindsfüßer und Martin Kühn entworfenen Geschäftshauses. Das Foyer ist mit einer Videoinstallation von Bill Viola *The World of Appearances* und dem Mosaik *Frankfurter Treppe / XX. Jahrhundert* von Stephan Huber gestaltet, das Persönlichkeiten der Stadt aus dem 20. Jh. darstellt. Der Tower selbst besteht aus einem spiegelverglasten 56-geschos-

Blick von der Aussichtsplattform auf dem Maintower auf die westliche Skyline

sigen Zylinder von 200 m Höhe (mit dem weithin sichtbaren rot-weißen Sendemast des Hessischen Rundfunks 240 m) und einem etwas niedrigeren Turm über rechteckigem Grundriss. Als einziges Hochhaus der Frankfurter Skyline hat das Gebäude eine öffentlich zugängliche Aussichtsplattform in der Turmspitze, auf 198 m Höhe. Der nach Niedrigenergie-Standard entwickelte Main Tower mit natürlicher Belüftung und eigenem Erdwärme-Heizkraftwerk wurde für seine nachhaltige umweltschonende Architektur mit den höchsten Qualitätsstufen des LEED (Leadership in Energy and Environmental Design) ausgezeichnet.

Wallanlagen (I E5): Die Wallanlagen entstanden zu Beginn des 19. Jh.s anstelle der mittelalterlichen Befestigung, die Frankfurt als Folge der Stadterweiterung nach 1333 hatte errichten lassen. Im 16. Jh. um eine vorgelagerte Basis aus elf fünfeckigen Bollwerken und dazwischen befindlichen Wällen verstärkt, war diese Befestigung gegen Ende des 18. Jh.s militärisch sinnlos geworden und stand einer dringend notwendigen erneuten Ausdehnung des Siedlungsgebietes im Weg. So beschloss die Stadt 1802, die Mauern niederzulegen und die davor befindlichen Gräben aufzufüllen. Die Maßnahme wurde 1806–12 ausgeführt, mit Jakob Guiollett als Baudirektor. Der Stadtgärtner Sebastian Rinz wurde anschließend mit der Gestaltung einer Grünanlage beauftragt. Ein 1827 erlassenes Wallservitut garantierte, dass die Anlagen auf einer Breite von 100 m unbebaut blieben. Heute ziehen sich die Grünflächen wie ein Ring um die Innenstadt und lassen in ihrem Grundriss das einstige Befestigungssystem noch gut erkennen. Vom Main aus teilen sie sich in sieben Abschnitte, die mit Brunnen, Weihern, Denkmälern und Kunstwerken geschmückt sind.

Entlang der **Neuen Mainzer Straße** (I E5), deren Häuserschlucht am ehesten die Assoziation zu Manhattan hervorruft, ergänzen weitere Hochhäuser den Gesamteindruck des im ständigen Umbruch befindlichen Viertels. Das **K 26** (Kaiserstraße 26) wurde 2003–05 von Köhler Architekten an der stadträumlich markanten Ecke zur Neuen Mainzer Straße errichtet. Der **Garden Tower** (Neue Mainzer Straße 46–50) wurde 1973–76 als sog. Helaba-Hochhaus für die Hessische Landesbank an der Ecke zur Schlesinger Gasse erbaut. Die Entwürfe stammten vom Architekturbüro Novotny Mähner Associates. Ähnlich wie beim Eurotower entstand der Hochhauskomplex nicht mehr nach der Scheiben- oder Quaderform des Internationalen Stils, sondern über einem vielschichtigeren Grundriss. Zwei in Volumen und Höhe unterschiedliche achteckige Bürotürme werden durch zwei außen anliegende polygonale Versorgungstürme erschlossen. Der durch seine Staffelung nahezu skulptural wirkende Komplex wurde 1978 preisgekrönt. 2003–05 erfolgte eine umfassende Sanierung durch KSP Engel und Zimmermann Architekten. Unter Beibehaltung der Bauform wurde das Innere komplett entkernt, das

Eines der vielen Denkmäler auf dem Grünstreifen der Wallanalagen: das Heine-Denkmal (Taunusanlage, s. S. 90)

Äußere neu verkleidet. Zwölf in die Fassaden eingeschnittene Wintergärten gaben dem Gebäude seinen neuen Namen. Das 110 m hohe **Eurotheum** (Nr. 66–68, Entwurf Novotny Mähner Associates) wurde gleichzeitig mit dem benachbarten Main Tower 1997–99 errichtet und ist mit diesem durch eine Passage mit Geschäften und Gastronomie verbunden.

Mit 115 m Höhe ist das **Japan Center** (I E5) niedriger als einige seiner Hochhausnachbarn, behauptet aber durch die gestalterische Ausprägung seinen Platz im Bankenviertel. Es wurde 1993–96 nach Entwürfen der Berliner Architekten Joachim Ganz und Walter Rolfes errichtet. Der in Stahlbeton erstellte Bau ist mit rotbraunen Granitplatten verkleidet und weist innen wie außen streng geometrische Formen auf. Ausgehend von dem Maß der japanischen Tatami-Matte (0,9 x 1,8 m) wurde ein quadratisches Grundraster entwickelt, auf dem das Gebäude gründet. Über einer durch Arkaden aufgelockerten hohen Sockelzone mit Läden und Gastronomie erheben sich 18 Bürogeschosse, die optisch in drei Blöcke geteilt sind. Jeweils sechs Geschosse sind im Wechsel der Fassadenseiten durch stockwerkshohe Fenster bzw. kleine Lochfenster gekennzeichnet.

Der **Commerzbank Tower** (I E5) ist mit 259 m das höchste Hochhaus Deutschlands – inklusive der Dachspitze werden sogar 300 m erreicht. Der Turm wurde 1993–97 nach Entwürfen des britischen Stararchitekten Norman Foster auf einem etwa dreieckigen Grundstück am Kaiserplatz errichtet. Mit seinen 56 oberirdischen Geschossen bildet er zusammen mit dem benachbarten Global Tower (1970–73, nach Plänen von Richard Heil im Stile von Mies van der Rohes Seagram Building konzipiert) den Gebäudekomplex der Commerzbank-Zentrale. Die Stahlskelettkonstruktion wird nicht wie üblich durch einen innenliegenden Betonkern, sondern durch die drei hochragenden Eckbauten ausgesteift, in denen die Versorgungseinrichtungen untergebracht sind. Die Dreiecksform des Towers umgibt ein fast die gesamte Höhe durchziehendes Atrium, zu dem nahezu alle Innenwände verglast sind. Ein zentraler Punkt der Baukonzeption war der ökologische Aspekt. Die Klimatechnik ist ausgeklügelt, die zweischalige Außenfassade ermöglicht eine computergesteuerte wie manuelle Öffnung der Fenster, und insgesamt neun begrünte Zonen sind so versetzt angeordnet, dass sie den Bau nach allen drei Seiten spiralförmig umziehen. Die Gartenbereiche (an der Fassade zu erkennen) laufen jeweils über vier Etagen und sind thematisch nach der Klimazone in ihrer jeweiligen Blickrichtung bepflanzt (Asien, Mittelmeerraum, Nordamerika). Aufgrund seiner innovativen, gestalterisch hochwertigen und nachhaltigen Konzeption wurde der Tower 2009 mit dem Green Building Award der Stadt Frankfurt ausgezeichnet.

Zum Kaiserplatz hin öffnet sich die repräsentative Schauseite des **Hotels Frankfurter Hof** (I F6). Das Gebäude wurde 1872–76 nach Plänen der Architekten Karl Jonas Mylius und Alfred Friedrich Bluntschli nach dem Vorbild französischer Stadtpalais des 17. Jh.s errichtet. Der Bau zeigt sich als offene Dreiflügelanlage im Stil der Neorenaissance mit Fassaden aus gelbem Sandstein. Die fünfachsigen Seitentrakte sind zur Straße hin durch eine offene, leicht geschwungene Säulengalerie verbunden. In den Zwickeln der Rundbogenarkaden befinden sich dort Wappenreliefs. Der zurückgesetzte siebenachsige Querbau wird durch einen Mittelrisalit mit korinthischen Säulen, Atlasfiguren und einen Dreiecksgiebel betont. Das ursprüngliche, im Zweiten Weltkrieg zerstörte Mansarddach wurde durch ein flacheres, etwas unproportionales Dach ersetzt. Der Frankfurter Hof gilt als frühes Beispiel eines Palasthotels der Gründerzeit.

Gegenüber der Schaufassade des Hotels Frankfurter Hof erhebt sich am Kaiserplatz das **Junior-Haus** (I E6). Namensgebend war der Bauherr Kurt Junior. Das knapp 35 m hohe Gebäude, ein neungeschossiger Stahlskelettbau, war einer der ersten Hochhausbauten nach dem Zweiten Weltkrieg in Frankfurt, 1951 nach Plänen von Wilhelm Berentzen errichtet. Seine dynamische Gestaltung symbolisiert die damalige Aufbruchstimmung, die qualitätvolle Ausführung macht es zu einem der wichtigen Architekturzeugnisse der 1950er Jahre in Frankfurt. Der Bau besticht durch eine materialtechnisch wie formal ausgeklügelte Gruppierung der einzelnen Teile. Zwei an den Längsseiten rasterförmig gegliederte und mit Muschelkalk verkleidete Bürotrakte laufen auf den Kaiserplatz zu und schwingen konkav zurück. Die Mittelachse bildet dort ein konvex vorkragender und die Seiten überragender Treppenturm, dessen Milchverglasung einen spiralförmig nach oben weisenden Treppenlauf sichtbar macht. Bei Dunkelheit kann das Treppenhaus durch entsprechende Leuchtkörper effektvoll illuminiert werden. Der ganze Bau wird in den beiden unteren Geschossen durch einen kreisförmigen Vorbau optisch unterfangen. Dieser voll verglaste Pavillon enthält im Erdgeschoss einen großzügigen Verkaufsraum.

Dort, wo der **Willy-Brandt-Platz** (I E6) auf die Gallusanlage trifft und sich zu einer großzügigen Freifläche öffnet, bestimmen drei unterschiedliche Gebäude das Blickfeld. Die Südseite wird eingenommen vom langgestreckten Flachbau des Schauspiel Frankfurt, die Ostseite von der historistischen Fassade des Fürstenhofs und die Westseite vom hoch aufragenden Eurotower. Nach Norden liegen die Grünflächen der Gallusanlage.

Der **Eurotower** (I E6) wurde 1971–77 als Zentrale der Bank für Gemeinwirtschaft errichtet. Die Entwürfe hatten Richard Heil und Johannes Krahn geliefert. Der 40-geschossige und 148 m hohe Turm wurde als Stahlskelettkonstruktion mit vorgehängter Glas- und Aluminiumfassade erstellt. Er war das erste Hochhaus in Frankfurt, das über einem prismenförmigen Grundriss erbaut wurde, und zugleich das erste, das in den breiter ausgelegten Sockelgeschossen durch eine Ladengalerie und einen direkten U-Bahn-Zugang für die Öffentlichkeit zugänglich gemacht wurde. 1994–96 wurde das Gebäude nach dem Auszug der BfG durch das Büro HPP Hentrich, Petschnigg & Partner für die Zwecke der Europäischen Zentralbank umgebaut. Zur Gallusanlage hin entstand gleichzeitig ein Restaurant mit vorgewölbtem gläsernem Pavillon nach Plänen des katalanischen Architekten Alfredo Arribas. Das Vorfeld der Turmanlage wird durch eine farbige Skulptur des *Euro-Zeichens* von Otmar Hörl gestaltet.

Der **Fürstenhof** (I E6) wurde 1902 als Luxushotel in aufwendigen neobarocken Formen nach Plänen des Architekten Oskar Heußner erbaut. Nach kriegsbedingter Zerstörung und provisorischer Instandsetzung wurde das Gebäude in den 1980er Jahren weitreichend entkernt und umgebaut. Von der ursprünglichen Substanz haben sich lediglich die Fassade, das Vestibül und das Treppenhaus erhalten.

Das Gebäude des **Schauspielhauses** (I E6) beherbergt als Doppelanlage die Städtischen Bühnen und die Oper Frankfurt. Es wurde unter Verwendung älterer Bauteile 1959–63 von Otto Apel / ABB Architekten errichtet. Zum Platz hin dominiert der 120 m lange und 9 m hohe, von schlanken Streben gefasste gläserne Quader, der über der zurückgesetzten Sockelzone zu schweben scheint. Nach außen sichtbar gibt die über der ganzen Länge des großen Foyers aufgehängte Metallskulptur *Goldwolken* des Bildhauers Zoltán Kemény von 1963 einen reizvollen Einblick in das Haus.

National-Haus (I F6): Die Architekten Max Meid und Helmut Romeick wurden 1962 damit beauftragt, auf einem Gelände direkt am Main ein Hochhaus für die Schweizer-National Versicherung zu errichten. Zwei Jahre später konnte der 17-geschossige und 56 m hohe Bau eingeweiht werden. Er präsentierte eine für die Zeit außergewöhnliche Konstruktion. Weithin sichtbar umfassen fünf mit Kupferblech ummantelte Stahlbetonbügel das Gebäude. Sie greifen längsseitig auf Etagenhöhe in den Baukörper ein. So entsteht der optische Eindruck, als seien die Stockwerke wie in einen großen Rahmen eingehängt. Der Eindruck des scheinbar Schwebenden wird noch durch die beiden unteren, rundum verglasten Geschosse verstärkt, die nach innen eingerückt sind. Horizontal umlaufende Fenster- und Brüstungsbänder mildern die starke Vertikalität des Gebäudes. 2004–06 wurde das Hochhaus durch die Architekten Pielok Marquardt (Offenbach) umfassend modernisiert: Die grundlegenden Gebäudecharakteristika wurden erhalten, die Außenhaut aber wurde in Material und Aufteilung verändert. 2010 ging der Bau in den Besitz der Nürnberger Versicherung über, die das ursprüngliche Logo unterhalb der Dachzone ersetzte. Das nach heutigen Maßstäben relativ kleine Hochhaus bildet das südliche Entree zum Frankfurter Bankenviertel und dessen eindrucksvoller Skyline.

Nördlich der Altstadt: von der Zeil über die Börse zur Peterskirche

Zeil (I F–H5): Der Straßenzug der Zeil bildete sich nach der Stadterweiterung 1333 heraus, als die sog. Neustadt besiedelt wurde. Im Bereich jenseits der Staufenmauer entstand zwischen den alten Stadttoren Katharinenpforte und Bornheimer Pforte zunächst eine einseitige Bebauung, für die später der Begriff Zeil (für Häuserzeile) in Gebrauch kam. Im 16. Jh. ließen sich dann reiche Patrizier jenseits der engen Altstadt repräsentative Wohnbauten errichten. Um der steigenden Zahl von Besuchern der Frankfurter Messe Unterkünfte bieten zu können, wurden entlang der Zeil zudem vornehme Gasthäuser erbaut. Im Barock und Klassizismus wandelte sich die Straße nach und nach zu einem Prachtboulevard, dessen Glanz nach der Entstehung des eleganten gründerzeitlichen Bahnhofsviertels gegen Ende des 19. Jh.s jedoch verloren ging. Verlief die Zeil bis dahin nur zwischen Hauptwache und Konstablerwache, so folgte mit der Erweiterung in Richtung Friedberger Anlage 1881 ein langsamer Wandel hin zu einer Dienstleistungsachse. Neben der großen Hauptpost entstanden zum Ende des 19. sowie im 20. Jh. zahlreiche Geschäfte und v. a. große Waren- und Kaufhäuser. Heute zählt die Zeil zu den meistbesuchten und umsatzstärksten Einkaufsstraßen Deutschlands.

MyZeil (I F5): Das nach Plänen des italienischen Architekten Massimiliano Fuksas entwickelte Einkaufszentrum wurde 2009 eröffnet. Es stellt mit seiner dynamisch-futuristischen Gestaltung eine Besonderheit im Bauwesen der Stadt dar. Fuksas entwarf, ähnlich wie bei der neuen Messe in Mailand, eine bewegte Dachhaut aus Glaselementen, die eine ausgeprägte Transparenz zwischen Innen- und Außenraum herstellt. Über dem Haupteingang auf der Shoppingmeile Zeil zieht sich ein spiralförmiger offener Tunnel sogartig durch den Baukörper bis in den Himmel. Im Inneren korrespondiert dazu ein nach oben offener gläserner Trichter, der bis in das Kellergeschoss reicht. Diese luftige Hülle erfüllt nicht nur ästhetische Zwecke: Das entlang der durchsichtigen Glashaut ablaufende Regenwasser wird gesammelt und anschließend gereinigt dem Brauchwasserkreislauf zugeführt. Der Innenraum des sechsgeschossigen Zentrums ist wie eine begehbare Raumskulptur durch geschwungene Grundrisslinien, überraschende Durchblicke und versetzte Ebenen als Erlebnisraum gestaltet.

Das **Palaisquartier** (I F5) wurde in den Jahren 2004–10 auf einer zentralen Grundstücksfläche zwischen der Großen Eschenheimer Straße und der Zeil durch das Büro KSP Jürgen

Engel Architekten errichtet. Der Komplex umfasst insgesamt vier Gebäude – neben dem Einkaufszentrum MyZeil sind dies: das 99 m hohe 24-geschossige Jumeira Frankfurt Hotel (2011 als Luxushotel eröffnet), eine verkleinerte Rekonstruktion des barocken **Palais Thurn und Taxis** (I F5) und der 136 m hohe Büroturm **Nextower**. Mit seiner geknickten Aluminium- und Glasfassade zeigt dieser Anklänge an die dekonstruktivistische Architektur. Er besitzt 34 Geschosse und wurde 2011 bezogen.

Auf dem Grund der evangelischen **Katharinenkirche** (I F5) waren im 14. Jh. ein vom Frankfurter Patrizier Wicker Frosch 1343–46 gestiftetes Hospital und ein 1354 gegründetes Nonnenkloster St. Katharina ansässig. Beide Einrichtungen besaßen je eine Kapelle. 1522 hielt Hartmann Ibach in der Klosterkirche die erste evangelische Predigt in Frankfurt. Nach dem Auszug der Nonnen 1526 und der Einführung der Reformation 1533 nutzte die evangelische Gemeinde die Gebäude. 1590 ließ der Rat der Stadt beide Kapellen zu einer Kirche zusammenlegen, die jedoch zunehmend zu klein und später auch baufällig wurde. Nach dem Abriss des Gebäudes 1678 erfolgte bis 1681 ein Neubau nach Plänen des Stadtbaumeisters Melchior Heßler, der weitestgehend der heutigen Erscheinung entspricht. Einem großzügigen Saalbau zu sechs Jochen mit polygonalem Chorschluss und steilem Walmdach ist im Norden ein markanter rechteckiger Turm vorgelagert. Während die hohen maßwerkgeschmückten Rundbogenfenster und die schlanken Strebepfeiler noch gotische Einflüsse zeigen, sind die Portale und die welsche Haube des Turms eindeutig barocken Ursprungs. Innen entfaltete sich eine prächtige barocke Raumfassung. Die dreiseitige doppelgeschossige Empore war an der Brüstungszone mit einem 83 Bilder umfassenden Gemäldezyklus versehen, der biblische und allegorische Szenen präsentierte. Im Zuge einer Außenrenovierung 1869 ersetzte man die barocke Turmbalustrade durch einen romanisierenden Bogenfries und eine neugotische Brüstung. 1944 brannte die Kirche bis auf die Umfassungsmauern aus. Der Bilderzyklus war allerdings rechtzeitig ausgelagert worden. Der Wiederaufbau erfolgte 1950–54 nach Plänen der Architekten Theo Kellner und Wilhelm Massing. Außen weitgehend originalgetreu rekonstruiert, wurden der Innenraum und die Ausstattung bewusst schlicht gestaltet. Das hölzerne Dach wurde zwar wiederhergestellt, von den Emporen aber wurde nur eine für die Orgel eingefügt. An ihrer Brüstung sind acht Bilder des ursprünglichen Gemäldezyklus aufgehängt. Die übrigen Bilder können somit nur im Rahmen spezieller Ausstellungen gezeigt werden. Bemerkenswert sind die 17 für den Wiederaufbau gefertigten Glasfenster mit biblischen Motiven von Charles Grodel. In der Kirche befinden sich neben einer gotischen Steinfigur der *Hl. Katharina* (im Turm) Bildnisgrabsteine des Wicker Frosch aus dem 14. Jh. und das stark restaurierte Grabdenkmal des Heinrich von Stolberg-Königstein (gest. 1641). Außen an der Kirche sind neben einem spätgotischen *Marienrelief* mehrere Grabplatten des 15.–18. Jh.s angebracht.

Ehem. Hauptwache (I F5): Das Gebäude wurde anstelle eines älteren Wachlokals 1729/30 nach Plänen des Stadtbaumeisters Johann Jakob Samheimer als Sitz der Stadtwehr erbaut. Der eingeschossige Bau über rechteckigem Grundriss trägt ein Mansardgeschoss mit hohem Walmdach. Die rustizierten Quaderlisenen, Rundbogenarkaden, verzierten Fenstereinfassungen und Gauben wurden in rotem Mainsandstein ausgeführt. An der Südseite öffnet sich eine Vorhalle, die in der Mitte von einem Dreiecksgiebel mit Relieftympanon und darüber thronender Büste überfangen wird. Die Arbeit des Bildhauers Johann Bernhard Schwarzenberger zeigt das Stadtwappen, gerahmt von Waffen, Fahnen und Rüstzeug. Die Hauptwache enthielt neben Stuben und Kammern des militärischen Personals auch ein Verhörlokal und ein Gefängnis. Auf dem Platz neben dem Gebäude befanden sich im 18. Jh. mehrere Richtstätten, darunter ein Galgen, ein Pranger und später ein Schafott. Anfang des 20. Jh.s wurde der Bau als Wachposten aufgegeben, ein Café wurde darin eröffnet – bis heute ist hier ein beliebter Treffpunkt. 1968 wurde die Hauptwache im Zuge des U-Bahn-Baus abgetragen und wenig später an leicht verändertem Standort wiedererrichtet.

Börse (I F5): 1874–79 wurde anstelle der Alten Börse am Paulsplatz im Nordwesten der Neustadt ein repräsentatives Gebäude nach Plänen von Heinrich Burnitz und Oskar Sommer errichtet. Die langgestreckte Neorenaissance-Anlage zeigt an ihrer nach Süden gewandten Schauseite zwischen zwei Eckrisaliten eine offene, durch eine Reihe von Doppelsäulen gegliederte Vorhalle. Oberhalb der Attikazone symbolisieren allegorische Figuren an den Seitentrakten *Trauer*, *Krieg*, *Frieden* und *Wohlstand*, über dem Mittelbau *Post*, *Handel*, *Schifffahrt*, *Industrie* und *Telegraphie*. Die äußeren Flügelbauten und die Rückseite wurden 1930 umgebaut. Das Gebäude war vor der Kriegszerstörung mit einem ausladenden Kuppeldach bekrönt, unter dem sich der eigentliche Börsensaal befand. Beim Wiederaufbau ersetzte ein geschweiftes Dach mit oben verglaster Mittelzone die ursprüngliche Konzeption. Die Innenräume wurden mehrfach umgebaut und zuletzt 2006/07 modernisiert.

Eschenheimer Tor (I F4) ist der Name eines Platzes am nördlichen Rand der Innenstadt. Er entstand nach der Schleifung der spätmittelalterlichen Stadtbefestigung 1803–12 und der Umgestaltung zu Wallanlagen durch den Stadtgärtner Sebastian Rinz. Heute ist hier eine der verkehrsreichsten Kreuzungen Frankfurts: Nicht weniger als zehn Straßen kommen zusammen. Dennoch ist das Zusammentreffen von Vergangenheit und Gegenwart deutlich sichtbar. Den optischen Mittelpunkt bildet der mittelalterliche Eschenheimer Turm, in dessen Erdgeschoss sich das historische Tor zur Stadt befand (s. u.). Ihm gegenüber an der Nordseite des Platzes und jenseits der Wallanlagen steht das ehem. Volksbildungsheim (1907/08) am Übergang in die Stadtteile Nordend-West und Westend-Süd. In der Platzmitte ist auf einer Verkehrsinsel eine kinetische Brunnenanlage des Bildhauers Hermann Goepfert aus dem Jahr 1968 zu sehen. Das mit beweglichen Aluminiumteilen und sich drehenden Rotoren ausgestatte Objekt besitzt eine Länge von 50 m bei einer Breite von 14 m. Seitlich wird der Platz flankiert von zwei markanten Bauten der Wirtschaftswunderzeit, dem ehem. **Bayer-Haus** (Eschenheimer Tor 2; 1952/53, nach Plänen von Karl und Stefan Blattner) und der **Landwirtschaftlichen Rentenbank** (Hochstraße 2; 1954–56, von Rudolf Letocha und William Rohrer mit Werner Dierschke). Beide entstanden auf dem Grund des ehem. Stadtgrabens. Weitere Gebäude dieser Wiederaufbauepoche wie der Turmpalast (1950) und das Rundschauhaus (1952/53), beide nach Plänen von Wilhelm Berentzen, wurden ebenso abgerissen wie das Fernmeldehochhaus (1951–56, von Heinrich Ebert). Auf dem Gelände des Letzteren erheben sich jetzt die 2004–10 errichteten markanten Hochhausbauten des Palaisquartiers (s. S. 75) und bilden nach Süden einen überdimensionalen Hintergrund für die ältere Platzbebauung.

Der **Eschenheimer Turm** (I F4) ist neben dem Rententurm (s. S. 49) und dem Kuhhirtenturm (s. S. 141) einer von lediglich drei bis heute überkommenen Türmen der spätmittelalterlichen Stadtbefestigung. Aufgrund seiner exponierten Lage und seines fast vollständig erhaltenen Originalzustands ist er eines der Wahrzeichen Frankfurts. Ein Vorgängerbau war im Rahmen der durch Kaiser Ludwig IV. gestatteten Stadterweiterung nach 1333 errichtet worden. Um 1400 begann der Zimmermeister Klaus Mengoz, den Altbau durch einen neuen Turm mit einem quadratischen Erdgeschoss und spitzbogigem Tor zu ersetzen. 1426–28 vollendete Madern Gerthener die Anlage als Rundturm mit Wehrgang, Ecktürmchen und Spitzhelm. Das 47 m hohe Gebäude hat acht Haupt- und zwei Dachgeschosse. Auf Höhe des zweiten Obergeschosses befinden sich zwei Wappenreliefs, auf denen stadtwärts der *Frankfurter Adler* dargestellt ist, landseits der *Reichsadler*. Der am Torbogen dargestellte männliche Kopf wird als *Porträt Gertheners* gedeutet. Die eiserne Wetterfahne auf der Turmspitze wird mit einer Volkssage in Verbindung gebracht, der zufolge der zum Tode verurteilte Wilddieb Hans Winkelsee mit neun Schüssen die Zahl 9 in die Fahne schoss und aufgrund dieser Kunstfertigkeit vom Rat der Stadt begnadigt wurde. Die inzwischen erneuerte Wetterfahne trägt der Sage Rechnung und zeigt weiterhin die Löcher.

Das **Skylight** (I F4) ist ein mehrteiliger Baukomplex, der Büro-, Geschäfts- und Wohnbereiche verbindet. Das innovativ-moderne Ensemble mit High-Tech-Elementen entstand 1999–2001 nach Plänen von Richard Rogers Partnership in Verbindung mit ABB Architekten und erstreckt sich auf dem Areal des 1995 abgerissenen Postscheckamtes zwischen Stephanstraße, Katzenpforte, Bleichstraße und Brönnerstraße. Die größte Fläche nimmt ein sechs- bis achtgeschossiger Bürobau ein, dessen annähernd E-förmiger Grundriss zwei ungleich große Innenhöfe umgibt. Hell gefasste, punktuell vorkragende und über die Dachzone reichende Eck- und Zwischentrakte enthalten Fahrstühle und Treppenhäuser. Für den Stararchitekten Rogers typisch (vgl. u. a. das Centre Pompidou in Paris oder den Wolkenkratzer in 88, Wood Street, London) ist, die Infrastruktur des Hauses nach außen zu kehren und so die Versorgungselemente als künstlerisches Element zu nutzen. Sie bilden einen Kontrast zu den dunklen Fassaden der Querbauten mit ihren horizontalen Fensterbändern. An der Brönnerstraße sind vier schlichtere siebengeschossige Wohnblocks ange-

Der Eschenheimer Turm um 1900

schlossen, die Nordwestecke nimmt der 63 m hohe, architektonisch geschickt gestaffelte Skylight Tower ein, in dessen 20 Geschossen 40 Luxusappartements eingerichtet wurden.

Die evangelische **Peterskirche** (I F/G4) wurde 1891–94 nach Plänen von Hans Grisebach und August Dinklage auf Teilen des alten Petersfriedhofs an der Bleichstraße errichtet. Sie vereint in eklektizistischer Art Elemente der Romanik, Gotik und Renaissance. 1944 bei einem Bombenangriff schwer beschädigt, wurde das Gebäude 1961–65 in vereinfachter Form durch die Architekten Theo Kellner und Wilhelm Massing wiederaufgebaut. Der schlichte Innenraum wird v. a. durch die Farbglasfenster von Charles Crodel geprägt. 2004–2007 wurde die Kirche nach Plänen von Johann Eisele und Bettina Staniek zum Veranstaltungszentrum unter dem Namen »jugend-kultur-kirche sankt peter« umgebaut.

Der **Peterskirchhof** (I F/G4) wurde um 1452 geweiht, als der bis dahin genutzte Begräbnisplatz um den Dom zu klein geworden war. Mehrfach vergrößert, blieb der Friedhof bis zu seiner Schließung 1828 der wichtigste Begräbnisplatz der Stadt. Trotz einer beschlossenen Ruhefrist von 100 Jahren wurde das Areal in der Folgezeit mehrfach durch Überbauung verkleinert. Noch heute befinden sich bedeutende Bestattungsplätze auf dem Gelände, u. a. das Grab der Bankiers und Stifter Johann Friedrich Städel und Simon Moritz von Bethmann, das des Kupferstechers Matthäus Merian, das des Buchdruckers Christian Egenolff sowie das der Eltern Goethes (das Grab der Mutter liegt auf dem benachbarten Schulhof). Jahrzehntelang fristete der ehem. Petersfriedhof ein Schattendasein und war zunehmend dem Verfall preisgegeben. Nach der Restaurierung der Epitaphien und der Grunderneuerung der Grünflächen wurde das Areal im April 2019 der Öffentlichkeit präsentiert.

Stadtwerkezentrum und Museum Judengasse (I G5–6): ◆ 1985 plante die Stadt Frankfurt eine Neubebauung und Umgestaltung des Börneplatzes. Dabei wurde der Schweizer Architekt Ernst Gisel nach einem entsprechenden Wettbewerb mit der Realisierung eines Verwaltungs- und Dienstleistungszentrums der Stadtwerke beauftragt. Bei den Ausschachtungsarbeiten wurden die Fundamente von 19 Häusern und zwei Mikwen der historischen Judengasse entdeckt. Seitens der Stadt sollten die Mauerreste dokumentiert und schließlich abgetragen werden. Doch die Öffentlichkeit protestierte, bundesweit wurde über den angemessenen Umgang mit den erhaltenen Zeugnissen jüdischer Kultur diskutiert. Die Frankfurter Judengasse war das erste jüdische Ghetto in Deutschland. Es bestand über mehrere Jahrhunderte und war ein wichtiger Teil der Stadtgeschichte. Der »Bör-

Blick in das Museum Judengasse

neplatz-Konflikt‹ endete schließlich in dem Kompromiss, dass die Fundamente von fünf Häusern und der zwei Mikwen neben weiteren archäologischen Funden gesichert und später (etwas tiefer) am ursprünglichen Platz wiederhergestellt wurden. Sie bilden heute mit einer auf zwei Ebenen angelegten Dokumentation über die 500-jährige Geschichte des Ortes den Mittelpunkt des Museums Judengasse, das im Untergeschoss des Stadtwerkebaus untergebracht ist (1992 eröffnet, 2016 umgebaut). Das 1990 eröffnete Kundenzentrum selbst ist zur Kurt-Schumacher-Straße durch seine wellenförmige Dachlandschaft über der verklinkerten Fassade charakterisiert. Dort weisen im Erdgeschoss punktuell platzierte Rechteckzugänge in eine Arkadenzone, von der aus verschiedene Portale in das Gebäude führen. Zur Battonstraße zeigt der Bau in den oberen Geschossen eine große gläserne Wandfläche – ein wirksamer Kontrast zur Schauseite.

◆ **Jüdischer Friedhof Battonstraße** (I G5): Der Begräbnisplatz auf dem Areal zwischen den heutigen Achsen Battonstraße, Lange Straße, Rechneigrabenstraße und Kurt-Schumacher-Straße gilt nach dem Heiligen Sand in Worms als zweitältester jüdischer Friedhof in Deutschland. 1180 erstmals urkundlich erwähnt, datieren die frühesten Gräber auf das Jahr 1272. Bis in das 16. Jh. diente er jüdischen Gemeinden aus dem Raum zwischen Aschaffenburg und Wetzlar, also weit über Frankfurt hinaus, als Begräbnisstätte. Bei Errichtung der Staufenmauer um 1180 lag er noch östlich des Stadtgebietes, wurde mit dessen Erweiterung um die Mitte des 14. Jh.s dann aber miteinbezogen. Ab dem Jahr 1462 musste die jüdische Bevölkerung auf kaiserlichen und städtischen Beschluss hin ihr bevorzugtes Wohngebiet um die Stiftskirche (Dom) verlassen und sich in der eigens dafür erbauten Judengasse ansiedeln. Diese verlief entlang des früheren Wollgrabens und war auf den jüdischen Friedhof ausgerichtet. Im Bereich der Judengasse und südlich des Friedhofs waren bis weit in das 19. Jh. neben der Hauptsynagoge u. a. der Judenmarkt (seit 1885 anlässlich des 100. Geburtstags des Dichters in Börneplatz umbenannt; gleichzeitig wurde die Judengasse in Börnestraße umbenannt), ein Hospital, eine Schule, ein Schlachthaus sowie die orthodoxe Börneplatz-Synagoge entstanden, so dass die Gegend weiterhin ein Zentrum jüdischen Lebens blieb. Die Judengasse selbst verfiel zusehends. 1874 wurde die Westseite abgerissen, 1884 folgte ein großer Teil der Ostseite.

Schon 1828 hatte die letzte Beisetzung auf dem voll belegten Friedhof stattgefunden. Danach erfolgten Bestattungen auf dem gleichzeitig mit dem Hauptfriedhof angelegten jüdischen Friedhof an der Rat-Beil-Straße und ab 1929 auf dem Neuen Jüdischen Friedhof an der Eckenheimer Landstraße. Im Dritten Reich wurde die jüdische Gemeinde 1939 gezwungen, das Gelände an der Battonstraße an die Stadt zu übertragen. Auf Anweisung des Frankfurter Oberbürgermeisters Friedrich Krebs wurden 1942 etwa zwei Drittel der historischen Grabsteine zerstört und als Trümmer hinterlassen. Durch die zusätzliche Rodung von Bäumen und die Einebnung von Flächen sowie die nachfolgende Nutzung als Schuttabladeplatz wurde die jahrhundertealte Friedhofsanlage bis auf wenige Bereiche im südöstlichen Teil weitgehend zerstört. Allerdings waren etwa 175 besonders wertvolle Grabsteine noch während des Krieges durch das Historische Museum ausgelagert worden und sind somit erhalten geblieben. Sie wurden nach 1950 an der inneren Friedhofsmauer aufgestellt. Trotz Zerstörung und Krieg haben über 2600 Grabsteine die Zeit intakt überdauert, 3500 fragmentarisch. Der Friedhof ist geschlossen, aber Besucher bekommen im benachbarten Museum Judengasse den Schlüssel.

Gedenkstätte Neuer Börneplatz (I G5): Das Mahnmal für ◆ die im Holocaust vernichtete jüdische Gemeinde der Stadt wurde von Wandel Lorch Architekten konzipiert und 1996 eröffnet. Der Erinnerungsort ist von der Battonstraße und der Rechneigrabenstraße aus öffentlich zugänglich und besteht aus mehreren Elementen: Im Zentrum der Anlage steht ein aus Fundamentresten des früheren Ghettos zusammengefügter Steinkubus, umgeben von Platanen. Metallschienen markieren inmitten der grauen Schottersteine den Grundriss der 1882 errichteten und 1938 während der Novemberpogrome zerstörten Börneplatz-Synagoge. Ein Fries von fast 12 000 Namenssteinen auf der Außenmauer des Friedhofs erinnert an die Opfer der Shoa. Sie symbolisieren in ihrer Gestalt individuelle Grabstellen. Zur Rechneigrabenstraße hin zeigen fünf Straßenschilder die unterschiedlichen Namen, die der Platz seit dem Ende des 19. Jh.s getragen hat.

Die Stadtteile nördlich des Mains

Gutleutviertel, Bahnhofsviertel, Gallusviertel, Messe

Gewerkschaftshaus (III D/H7): 1929–31 nach Plänen von Max Taut und Franz Hoffmann errichtet, war das Verwaltungszentrum des Allgemeinen Deutschen Gewerkschaftsbundes mit 31 m seinerzeit nach dem nahezu gleichzeitig gebauten I. G.-Farben-Gebäude (35 m) das zweithöchste Bürohaus Frankfurts. Heute wird dieser elegante neungeschossige Bau mit seinem dreigeschossigen Querriegel und der Kalksteinverkleidung von zwei dominanten Nachbarn optisch nahezu erdrückt. Nach Westen ließ die IG Metall den mächtigen Gebäudekomplex des **Main Forum** errichten (2001–05, nach Plänen von Gruber + Kleine-Kraneburg), östlich liegt das 1974–77 von Albert Speer Jr. im Stil des Brutalismus entworfene **Union-Investment-Hochhaus**.

Hauptbahnhof (III D6): Der unter preußischer Regie geplante Neubau eines Zentralbahnhofs sollte die bis dahin vorhandenen drei Westbahnhöfe der Main-Neckar-Bahn, der Main-Weser-Bahn und der Taunusbahn ersetzen. Aus einem von der Preußischen Akademie für Bauwesen 1880 veranstalteten Wettbewerb ging der Straßburger Architekt Hermann Eggert als Sieger hervor. Er erhielt den Auftrag zum Bau des Empfangsgebäudes, während der zweitplatzierte Architekt Johann Wilhelm Schwedler (Berlin) mit der Konstruktion der drei Gleishallen betraut wurde. Nach fünfjähriger Bauzeit konnte der neue »Centralbahnhof Frankfurt« im August 1888 eingeweiht werden. Das als Kopfbahnhof konzipierte Gebäude öffnet sich zur Stadt. Die ursprüngliche Fassade aus hellem Sandstein wurde im Neorenaissancestil erbaut. Bis 1924 wurde die Anlage durch äußere Anbauten in neoklassizistischen Formen ergänzt und die Gleisanzahl von 18 auf 24 erhöht. Der Hauptzugang erfolgt über drei große Rundbogenöffnungen im prominenten Mitteltrakt. Die Dachzone wird von zwei Flankentürmen und einer mittigen Skulpturengruppe bekrönt: *Atlas* mit der Weltkugel auf seinen Schultern, begleitet von den Allegorien zu *Dampfenergie* und *Elektrizität*. Das Werk stammt von dem Schweizer Bildhauer Gustav Herold. Weitere Figuren am Gebäude symbolisieren *Ackerbau, Verkehr, Industrie* und *Handel*. Die imposanten aus Stahl und Glas erstellten Bahnsteighallen sind im alten Teil zu Gruppen von je sechs Gleisen angelegt, die seitlichen Anbauten verfügen über je drei Gleise. Sie werden von einem durchgehenden Querbahnsteig erschlossen. 2002–06 wurden die Gleishallen restauriert, ihre ursprüngliche Farbgebung wurde in diesem Zuge wiederhergestellt.

Die **Galluswarte** (III B7) von 1414 ist neben der Sachsenhäuser Warte (1470/71), der Bockenheimer Warte (1434/35) und der Friedberger Warte (1478) einer der vier noch erhaltenen einstigen Warttürme der Frankfurter Landwehr. Detailliertes dazu s. S. 143.

Die **Adlerwerke** (III B7) stellten in ihrer über 100-jährigen Geschichte bis 1992 in teils wechselnden Perioden v. a. Fahrräder, Automobile, Motorräder und Büromaschinen her. Der riesige Gebäudekomplex entstand 1889–1912 zwischen der heutigen Kleyerstraße und der Weilburger Straße in historisierenden Formen mit Lisenen, Geschossgesimsen und Bogenfriesen. Von den teilweise als Stahlbetonkonstruktion errichteten und mit Klinkern verkleideten sechsgeschossigen Bauten mit ihren großen Fensterflächen haben sich der alte West- und der alte Ostteil erhalten. Sie wurden später um angleichende Trakte ergänzt. In der Zeit des Nationalsozialismus zunehmend mit der Produktion von Rüstungsgütern beschäftigt, unterhielt die Firma zunächst Lager für Zwangsarbeiter. Nach einer Teilzerstörung der Betriebsanlagen 1944 forderte die Unternehmensleitung beim SS-Wirtschaftsverwaltungshauptamt zudem KZ-Häftlinge als Arbeitskräfte an, um die Aufträge der Wehrmacht erfüllen zu können. Zwischen August 1944 und März 1945 bestand hier das KZ Frankfurt/Adlerwerke als Außenlager des KZ Natzweiler unter dem Decknamen Katzbach. Von den etwa 1600 Häftlingen überlebten nur wenige. Von April 1964 bis August 1965 wurde nicht weit von den Adlerwerken entfernt, im neu eröffneten Haus Gallus in der Frankenallee, der Auschwitzprozess geführt (er hatte bereits 1963 begonnen, und die Räumlichkeiten im Plenarsaal des Römer waren zu klein geworden).

Hellerhofsiedlung (III A6; Frankenallee, Schlossborner Straße, Idsteiner Straße, Schneidhainer Straße und Verbindungsstraßen): Ähnlich wie am Riederwald (s. S. 115) entstand die Hellerhofsiedlung im Gallus in mehreren Phasen. Einer 1901–04 errichteten Reihe von teils mehrgeschossigen Backsteinhäusern mit Vorgärten folgten 1929–32 mehrere Straßenzüge nach Plänen des niederländischen Architekten Mart Stam. Ein Teil dieser modernen Bauten war infolge des zweiten Internationalen CIAM-Kongresses 1929 in Frankfurt als »Wohnungen für das Existenzminimum« errichtet worden. Ein dritter Abschnitt (1934–38, nach Entwürfen des Architekten Karl Blattner) orientierte sich weitgehend an Stam. Blattner konzipierte auch die 1925–28 in der Frankenallee errichtete evangelische Friedenskirche.

Der **Silberturm** (I E6) bezieht seinen Namen von der Fassadenverkleidung mit silber eloxierten Aluminiumpaneelen. Er ist auch als Dresdner-Bank-Hochhaus bekannt, denn dieses Unternehmen ließ ihn 1972–78 nach Entwürfen von ABB Architekten Partner Hanig, Scheid, Schmidt errichten; bis 2008 diente er als Konzernzentrale. Bis 1991 war der Silberturm mit 166 m das höchste Gebäude Deutschlands, dann ging dieses

Prädikat an den Frankfurter Messeturm. Der in Stahlbeton konstruierte Baukörper besteht aus vier diagonal zueinander gestellten Trakten. Zwei versetzt angeordnete Blöcke über quadratischem Grundriss sind zwischen zwei schlankere, höher ragende und ebenfalls quadratische Versorgungstürme eingehängt. Durch die abgerundeten Gebäudekanten, die Höhenstaffelung der Bauteile und die dunklen Einschnitte der Technikgeschosse wirkt die Turmanlage plastisch gegliedert. Der futuristisch anmutende Charakter wird nicht nur darin deutlich, dass die meisten Ecken und Kanten abgerundet sind, sondern zeigt sich v. a. im Eingangsbereich: Die unter den Baukörper eingerückte Empfangshalle wird durch weit auskragende, in dunklem Metall gefasste Raumzellen überfangen, die zwischen schlanke Stahlstützen eingehängt sind. Vor dem Gebäudekomplex schuf der Bildhauer Heinz Mack mit einer skulpturalen und ornamentalen Platzgestaltung einen fließenden Übergang zur benachbarten historistischen Bebauung.

Gallusanlage und Taunusanlage (I E5–6): Außerhalb des Altstadtbereichs reihen sich weitere Hochhäuser entlang der ehem. Wallanlagen. Stadträumlich prägend ist u. a. das **Gallileo** (Gallusanlage 7, 2002/03, nach Plänen von Novotny Mähner Associates), das seinen Namen einer Kombination aus der Adresse (Gallusanlage) und dem Mathematiker Galileo Galilei verdankt. Bei Dunkelheit weithin sichtbar ist das 2003 von James Turrell installierte Kunstobjekt *Light Shaft II* – es illuminiert das Gebäude von innen heraus in wechselnden Farben. Auf dem ehem. Areal der Philipp Holzmann AG an der Taunusanlage erstreckt sich das dreiteilige Gebäudeensemble **Skyper** (Taunusanlage 1, 2002–04, nach Entwürfen von JSK Architekten), bestehend aus der neoklassizistischen Holzmann-Villa, dem 154 m hohen Wolkenkratzer und dem rückwärtigen Skyper Carré. In Nachbarschaft zur Holzmann-Villa zieren drei weitere **historistische Bauten** die Taunusanlage in Richtung

Niddastraße. Auf dem kleinen Taunusplatz entstand 1984–87 der **Neubau der Landeszentralbank Hessen** (Taunusanlage 5). Die Arbeitsgemeinschaft LZB Jourdan Müller Albrecht und Berghof Landes Rang sah bewusst kein Hochhaus vor, sondern einen viergeschossigen postmodernen Komplex, der durch einen glasüberwölbten Mittelgang, vier Querriegel und sechs seitliche Höfe aufgelockert ist. Das von Marienstraße und Mainzer Landstraße umgebene Karree enthält: das **T 11** (Taunusanlage 11), ein 75 m hohes Bürohaus (ehem. Chase Manhattan Bank, 1969–72, nach Plänen von Meid und Romeick; 2011–13 wurde es von KSP Jürgen Engel Architekten revitalisiert und grundlegend in seiner Erscheinung verändert); den 155 m hohen **Marienturm** (Taunusanlage 9–10) mit 38 Geschossen und das zehngeschossige **Marienforum** (I E5) – beides von Müller Reimann Architekten (Berlin) konzipiert und als Projektentwicklung 2017 und 2018 mehrfach preisgekrönt.

Das **Trianon**-Hochhaus (III D5) macht der in seinem Namen enthaltenen Zahl alle Ehre. Denn nachdem bei einem Wettbewerb kein Beitrag den Zuschlag für den Bau dieses Gebäudes erhalten hatte, schlossen sich die drei Architekturbüros Novotny Mähner Associates, HPP Hentrich, Petschnigg & Partner sowie AS&P Albert Speer und Partner zu einer Planungsgemeinschaft zusammen. Sie legten die Form des Dreiecks als Basis für den Gesamtgrundriss und für die aluminiumverkleideten Ecktürme sowie für die markante umgedrehte Pyramide fest, die den Bau weithin sichtbar bekrönt. Der Zugang zu dem 186 m hohen Wolkenkratzer mit seinen 47 Geschossen hinter der Spiegelglasfassade erfolgt von der Mainzer Landstraße aus: Über einen Sockelbau gelangt man in den dreiseitigen Erschließungskern.

Deutsche-Bank-Hochhaus (I E5): 1979 übernahm die Deutsche Bank das erschlossene und teilbebaute Grundstück an der Taunusanlage und beauftragte die Architekten Walter

Hanig, Heinz Scheid und Johannes Schmidt mit der Planung einer neuen Konzernzentrale. Bis 1984 entstand so ein Komplex aus einem viergeschossigen Sockelbau und zwei 155 m hohen polygonalen Türmen. Die mehrschaligen Hochhausbauten bestehen aus einem inneren Betonkern mit den Versorgungseinrichtungen, einem äußeren Rahmen mit Fensteröffnungen und einer vorgesetzten Spiegelglasfassade. 2007–10 wurden die Gebäude durch gmp Architekten als »green building« energetisch umfassend saniert und im Inneren durch den Mailänder Architekten Mario Bellini umgestaltet. Die Doppeltürme der Deutschen Bank wirken ikonographisch wie architektonisch stark stadtbildprägend.

Westend-Tower (III D6): Das wegen seines markant auskragenden Dachabschlusses auch »Kronenhochhaus« genannte postmoderne Gebäude wurde 1990–93 nach Plänen des amerikanischen Architekturbüros Kohn Pedersen Fox Associates mit Nägele Hofmann Tiedemann & Partner (Frankfurt) als Stahlbetonkonstruktion errichtet. Der mit 208 m dritthöchste Wolkenkratzer Frankfurts besteht aus mehreren unterschiedlich geformten Teilen, deren Funktion sich auch in der Fassadengestaltung aus Glas, Aluminium, hellem Granit und Marmor widerspiegelt. Die 20 m hohe, öffentlich zugängliche Sockelzone mit Läden und Wintergarten schließt an die benachbarte gründerzeitliche Bebauung an. Ein 50 m hoher Flügelbau korrespondiert mit der Architektur der 1960er Jahre, während der 150 m hohe granitverkleidete Quader die Hochhausepoche der 1970er Jahre zitiert. Der gerundete Schaft des 53-geschossigen verglasten Wolkenkratzers weist mit seinem elfarmigen Strahlenkranz in Richtung Altstadt und soll ikonologisch wohl einen Bezug zum historischen Krönungsort Frankfurt herstellen. Vor dem Eingang in den Turm steht die über 10 m hohe Skulptur *Inverted Collar And Tie* von Claes Oldenburg und Coosje van Bruggen.

City-Haus 1 (III D6): Mehr noch als das etwa gleichzeitig entstandene Frankfurter Büro Center FBC (Mainzer Landstraße 46, 1973–81, nach Plänen von Richard Heil) stand das City-Haus seinerzeit im Fokus öffentlicher Proteste, galt es doch als Symbol der städtisch sanktionierten Bodenspekulation und Wohnraumzerstörung im benachbarten Westend. Es trägt im Volksmund auch den Namen Selmi-Hochhaus, nach seinem persischen Bauherrn Ali Selmi. Als im August 1973 die obersten Geschosse des Rohbaus wohl aufgrund eines technischen Defektes in Flammen aufgingen, feierte eine jubelnde Menge Schaulustiger das Geschehen. Aufgrund mangelnder technischer Ausstattung des Gebäudes brauchte die Feuerwehr mehrere Stunden für die Löscharbeiten, und so gilt der Großbrand des City-Hauses als Geburtsstunde moderner Brandschutzbestimmungen für Hochbauten in Deutschland. Die Entwürfe für die 142 m hohe Stahlbetonkonstruktion stammten von Johannes Krahn und Richard Heil. Sie konzipierten zwei versetzt zueinander gruppierte rechteckige Geschosstrakte um einen mittig angeordneten Kern. Im Zuge einer umfassenden Sanierung durch den Architekten Christoph Mäckler wurde 2007/08 neben einer inneren Umgestaltung auch die durch eloxiertes Aluminium und beschichtete Scheiben vormals dunkel wirkende Fassade durch hellere Materialien ersetzt. Die dem International Style verpflichtete Baugestalt der schlanken Doppelscheibe blieb dabei jedoch weitgehend erhalten. Heute beherbergt der Bau die DZ Bank. In etwa rechtem Winkel schließt sich das 1982 vom Architekturbüro Albert Speer und Partner konzipierte **City-Haus 2** (III D6) an. Der vergleichsweise flache Bau über unregelmäßigem Grundriss ist weitgehend verglast und leitet stadträumlich zum Westend Tower über. Den Vorplatz zwischen den zwei City-Häusern ziert die aufgefächerte Brunnenskulptur *Die Welt* des spanischen Künstlers Andreu Alfaro.

Die **Friedrich-Ebert-Anlage** (III C5), eine langgestreckte Grünfläche, wurde 1903–05 von Karl Heicke entworfen. Sie verbindet den Platz der Republik mit der Ludwig-Erhard-Anlage. Sie wird gesäumt von einigen stadtraumprägenden Hochhäusern, darunter: die nach dem mythischen Zwillingspaar **Kastor und Pollux** benannten Gebäude (Platz der Einheit 1; 1994–97, nach Plänen von Kohn Pedersen Fox mit Nägele Hofmann Tiedemann), die zusammen das **Forum Frankfurt** bilden und den kleinen Platz der Einheit flankieren (eine Lichtskulptur des Künstlers Christian Herdeg schmückt die Grünfläche); und der 2008–11 errichtete gewaltige Komplex des 200 m hohen **Tower 185** (III C6, Entwurf Christoph Mäckler – das Ensemble besteht aus einem sechsgeschossigen, natursteinverkleideten Sockelbau, der sich hufeisenförmig zur Straße öffnet, und einem dreiteiligen Turm mit zwei spitzwinklig angeordneten Rechteckscheiben, die einen gläsernen Zylinder rahmen.

Der **Messeturm** (III C5), 1988–91 nach Plänen des Chicagoer Architekturbüros Murphy/Jahn errichtet, ist eines der Wahrzeichen der Stadt Frankfurt. Seine charakteristische Form verlieh ihm im Volksmund den Namen »Bleistift«. Das an die US-amerikanischen Art-déco-Wolkenkratzer der 1920er und 1930er Jahre angelehnte Hochhaus zeigt die klassische Unterteilung in Sockel, Schaft und Spitze bei gleichzeitiger Verjüngung des Baukörpers. Die Stahlbetonkonstruktion mit vorgehängter Fassade aus rötlichem Granit und Glas ruht auf einer bis zu 6 m starken, von Bohrpfählen unterfangenen Fundamentplatte. Vor dem 256,5 m hohen Turm steht die ca. 25 m hohe bewegliche Stahlskulptur *Hammering Man* des Künstlers Jonathan Borofsky.

Festhalle (III C5): Nachdem die Frankfurter Messe über Jahrhunderte an unterschiedlichen Plätzen stattgefunden hatte, entschloss sich die Stadt zu Anfang des 20. Jh.s, einen repräsentativen Neubau als Ausstellungs- und Kulturhalle errichten zu lassen. In Zusammenarbeit mit dem auf Stahl-, Brücken- und Hochbau spezialisierten MAN-Werk Gustavsburg realisierte der Münchner Architekt Friedrich von Thiersch 1907–09 einen mächtigen Kuppelbau, der ein über 100 m langes Grundrissrechteck in seiner Mitte konvex auswölbt. Hinter einer aufwendigen neobarocken Fassade mit einer Eingangszone in Form eines Rundtempels und seitlichen, durch Arkaden verbundenen Ecktürmen erhebt sich eine über 30 m hohe stützenfreie, gläserne Kuppel; sie wird durch eine Konstruktion aus Stahlbindern über einem Sprengring von 18,5 m Durchmesser getragen. Zu ihrer Entstehungszeit war die Festhalle der größte Kuppelbau Europas. 2009 wurde die Halle zum 100-jährigen Jubiläum denkmalgerecht restauriert. An der Außenwand des Gebäudes erinnert eine Mahntafel an die während der NS-Zeit von hier deportierten Juden.

Die **Ludwig-Erhard-Anlage** (III C5) umschließt einen künstlichen Weiher mit einem **Merkurbrunnen** (1916, von Hugo Lederer) und wird gesäumt von drei platzbestimmenden Bauwerken. Im Norden ragt das 159 m hohe, 1972–76 nach Plänen von Siegfried Hoyer im International Style errichtete **Marriott Hotel / Westend Gate** (Hamburger Allee 2) empor, das 2009–11 von Just Burgeff Architekten revitalisiert wurde. Im Westen befindet sich der 55 m hohe runde Vorbau des **Maritim Hotel / Congress Center** (Theodor-Heuss-Allee 3; 1996, nach Entwürfen von JSK Architekten). Auf einem dreieckigen Grundstückszwickel dazwischen liegt, begrenzt von Hamburger Allee und Theodor-Heuss-Allee, der Komplex des 1984–86 nach Entwürfen von Nägele Hofmann Tiedemann errichteten **Poseidon-Hauses** (Theodor-Heuss-Allee 2). Die beiden bis zu 65 m hohen abgerundeten Scheiben mit ihrer streng vertikalen Aluminium-Glas-Verkleidung wurden 2011–13 durch das Architekturbüro schneider + schumacher modernisiert und durch einen 17-geschossigen Neubau verbunden. Seither trägt der Komplex den Namen **Leo**.

Messe Torhaus (Messehaus 9, Ludwig-Erhard-Anlage 1): Mit Beginn der 1980er Jahre vollzog sich ein Wandel auf dem Frankfurter Messegelände. Anstelle unprätentiöser Funktionsgebäude begannen nun namhafte Architekten eine Reihe ambitionierter Neubauten zu erstellen. Eines der ersten und signifikantesten dieser Art war das Torhaus nach Entwürfen von Oswald Mathias Ungers: 1983/84 entstand ein dreiteiliger Komplex als Stahlbetonkonstruktion mit vorgehängten Betonwerkstein- und Glasfassaden. Aus einem sechsgeschossigen konkav geschwungenen Sockelbau erhebt sich ein schlanker steingefasster Hochhausturm mit einer gewaltigen rechteckigen Aussparung. In diesem namensgebenden Tor steckt ein verglaster Kern, der als schmale Rechteckscheibe weit über den Dachhorizont des Turms hinausragt. Die Detailgestaltung des Bauwerks zeigt die für Ungers charakteristischen Quadratformen. Die weithin sichtbare ikonographische Gebäudeform soll das Tor nach Frankfurt und gleichzeitig das Tor hinaus in die Welt symbolisieren. Weitere bemerkenswerte Bauten auf dem nur während der Messezeiten zugänglichen Gelände (III A/B5–6) sind u. a.: die in aufgelockerten kubischen Formen konzipierte **Halle 9** samt **Galleria** (1980–83, O. M. Ungers; erweitert 1992) und das kontrastreich gestaltete **Portalhaus** samt **Halle 11** (2007–09, Hascher Jehle Architektur). Als besonders spektakulär erweisen sich die futuristische, wie ein überdimensionales Raumschiff anmutende Hightech-**Halle 3** des britischen Stararchitekten Nicholas Grimshaw (1999–2001) und das an der Agora platzierte **Forum Messe Frankfurt** (1999–2001, KSP Engel und Zimmermann) mit seiner transparenten, nahezu vollverglasten Hülle und der markant das Gebäude durchdringenden metallenen Ellipse.

Ehem. Chemag-Haus (III C5): 1951/52 konzipierte der Architekt Ernst Balser für die Chemag AG einen neuen Verwaltungsbau. Das als Stahlbetonskelett errichtete Gebäude erhebt sich über einem rechtwinkligen Grundriss. Den Blickfang des Hauses bildet das markante, in leichter Stahlkonstruktion vollverglaste Treppenhaus an der Senckenberganlage, das einen Blick auf die innenliegende Treppenspindel freigibt und bei Dunkelheit effektvoll beleuchtet wird. Das Raster der vertikal eingeschnittenen Fensteröffnungen mit ihren dunklen Brüstungsfeldern belebt die hell verputzten Wandflächen der Seitentrakte. Als Musterbeispiel der frühen Nachkriegsmoderne steht das Gebäude seit 1986 unter Denkmalschutz.

Das **Senckenberg Naturmuseum** (III C4) ist eines der bedeutendsten Naturkundemuseen in Deutschland: Bekannt ist es v.a. für seine große Sammlung von Dinosaurierskeletten und Tierpräparaten. Es ist zugleich Forschungsmuseum und umfasst in seiner Konzeption alle Aspekte der erdgeschichtlichen Entwicklung. Nach Plänen des Architekten Ludwig Franz Michael von Neher entstand 1904–07 ein neobarockes Gebäude mit einer aufwendig gestalteten siebenachsigen Sandsteinfassade. Der geschweifte Giebel wird von mythischen Figuren bekrönt. Das Museum ist durch offene Arkaden mit den neobarocken Gebäudetrakten des ebenfalls nach Plänen von Neher 1904–06 errichteten **Jügelhauses** (Senckenberganlage 31) und des 1906–08 unter Franz von Hoven erstellten Neubaus des **Physikalischen Vereins** (Robert-Mayer-Straße 2) verbunden.

Die **Bockenheimer Warte** (III C4) von 1434/35 ist neben der Galluswarte (1414), der Sachsenhäuser Warte (1470/71) und der Friedberger Warte (1478) einer der vier noch erhaltenen einstigen Warttürme der Frankfurter Landwehr. Detailliertes dazu s. S. 143.

Der **Palmengarten** (III C3) ist ein überregional bekannter botanischer Garten und v. a. wegen seiner seltenen Pflanzen ein touristischer Anziehungspunkt. 1868 wurde Heinrich von Siesmayer nach dem Kauf eines passenden Grundstücks mit der Gestaltung der Anlage beauftragt. Die Eröffnung folgte 1871. Von der ursprünglichen, nach französischen und englischen Vorbildern angelegten Systematik sind heute nur noch Reste zu erkennen. Architektonischer Mittelpunkt ist das **Gesellschaftshaus**, das mehrere bemerkenswerte An- und Umbauten erfuhr. Schon 1869–71 wurde ein Festsaal mit dem anschließenden, noch heute erhaltenen großen Palmenhaus nach Entwürfen von Adam Friedrich Kayser d. J. errichtet. Nach einem Brandschaden wurde das Gesellschaftshaus durch Heinrich Theodor Schmidt und Friedrich von Thiersch 1878/79 im Stil der Neorenaissance erneuert. 1898 erfolgte ein Umbau unter dem Architekten Ludwig Neher. 1928/29 erhielt das Gebäude einen luftigen neuen Südflügel, der heute die Fassade zur Palmengartenstraße hin prägt. Die Entwürfe im Stil des Neuen Bauens stammten von Martin Elsaesser und Ernst May. Der schlichte Westflügel aus den 1950er Jahren wurde 2012 in Teilen durch einen preisgekrönten Neubau nach Plänen des Stararchitekten David Chipperfield ergänzt. Einen weiteren Schwerpunkt der Anlage bilden die 1981–84 von Hermann Blomeier als Stahl-Glas-Körper über polygonalem Grundriss konzipierten **Gewächshäuser**. In den sternförmigen, wie große Kristalle anmutenden Häusern können nacheinander unterschiedliche Vegetationszonen begangen werden.

Ehem. Amerikanisches Generalkonsulat (III D4): Das Gebäude entstand 1953–55 nach Plänen des renommierten Architekturbüros Skidmore, Owings & Merill mit Otto Apel (Frankfurt). Die Stahlbetonskelettkonstruktion wird durch eine verglaste Vorhangfassade mit schlanken goldfarbenen Aluminiumprofilen und dunklen Brüstungsfeldern im Sinne des

Internationalen Stils gegliedert. Nach dem Auszug des Konsulats wurde das Gebäude bis 2005 durch das Architekturbüro schneider + schumacher weitgehend in den Originalzustand zurückversetzt.

Westend-Synagoge (III D4): 1906 wurde der Stuttgarter Architekt Franz Roeckle mit der Planung einer neuen Synagoge im Frankfurter Westend beauftragt. 1908–10 entstand eine vielschichtige Baugruppe mit Vorhalle, offenem Brunnenhof, kuppelüberwölbter Synagoge sowie Nebengebäuden für Gemeinde-, Schul-, Verwaltungs- und Wohnräume für Rabbiner und Hausmeister. In dem mit Muschelkalk verkleideten Komplex mischen sich Jugendstil und Neobarock mit ägyptisch-assyrischen Anklängen. Charakteristisch sind die ausgeklügelte Höhenstaffelung der Bauteile und die differenzierte Gestaltung der Dächer. Brandstiftung und Verwüstung während der Novemberpogrome 1938 überstand immerhin der Außenbau, so dass die Synagoge anschließend nicht abgerissen wurde, sondern nach dem erzwungenen Verkauf an die Stadt 1939 als Lagerraum diente. 1944 wurde sie durch Bombenangriffe schwer beschädigt. Als eines der wenigen großen jüdischen Gotteshäuser überdauerte der Bau letztlich die Zeit des Nationalsozialismus, so dass er 1950 erneut eingeweiht werden konnte – nach Wiederherstellung durch Werner Hebebrand, Max Kemper und Hans Leistikow. Die Innenraumgestaltung fiel allerdings recht nüchtern aus, so dass man 1988–94 den historischen Originalzustand rekonstruierte, nach Plänen des Architekten Henryk Isenberg.

BHF-Bank (I E5): Der Gebäudekomplex des Verwaltungssitzes der Berliner Handels- und Frankfurter Bank (BHF) ist ein Werk des renommierten Architekten Sep Ruf. Die L-förmige Anlage entstand 1962–65 und besteht aus einem 82 m hohen Turm über quadratischem Grundriss, einem mittelhohen Trakt von 65 m Länge und einem rechtwinklig anschließenden atriumartigen Flachbau. Charakteristisch für den Komplex ist die ausgewogene Höhenstaffelung und die unterschiedliche Ausformung der Baukörper. Die im Wechsel umlaufenden Fensterbänder und Brüstungsfelder bei Turm und Längstrakt werden durch die schlanken vertikalen Leichtmetallstreben aufgelockert. Die eingerückte Erdgeschosszone und die zurückgesetzten Obergeschosse lassen den Eindruck entstehen, als schwebten die Baumassen und Dächer: Ein Aspekt, den Ruf beim Pavillon geschickt variiert. 2001 wurde vor dem Hochhaus die Bronzeskulptur *Brückenschlag* des Bildhauers Volker Bartsch aufgestellt.

St. Ignatius (I E4): In einem weitgehend von mehrgeschossigen Wohnbauten geprägten Umfeld entstand 1963/64 der Neubau dieser katholischen Kirche. Die Entwürfe stammten vom renommierten Kirchenbaumeister und späteren Pritzker-Preisträger Gottfried Böhm. Prägnantestes Bauteil des ganz in Sichtbeton erstellten Gotteshauses ist der oktogonale Turm, von dem sich drei unterschiedlich proportionierte Dachbereiche über der Kirche ausbreiten. Das Faltwerk dieses »Zeltes« für die Gemeinde spiegelt sich innen in den prismatischen Kanten der Decke wider. Die geringe Größe des Grundstücks veranlasste Böhm, den Kirchenvorplatz ebenerdig unter das Gebäude zu verlegen. Im Zentrum dieser arkadenartigen Zone befindet sich die weitgehend von einer Glaswand umschlossene Taufkapelle – zugleich der Zugang zum Gotteshaus: Ganz im Sinne des Architekten erfolgt der Eintritt in die Kirche symbolisch durch die Taufe. Im Obergeschoss öffnet sich ein vielschichtiger Raumeindruck, v. a. geprägt durch das kristallin wirkende Dachwerk und ein großes, spitz zulaufendes Buntglasfenster über der Altarzone, das den *Brennenden Dornbusch* darstellt. Horizontale Fensterbänder an den Seiten zeigen symbolische Rosen(kranz)motive. Seitlich ragt die nahezu durchlöcherte Turmspindel in den Raum, die in einer Nische

St. Ignatius: im Zentrum das Glasfenster *Brennender Dornbusch*

eine barocke Madonna mit Kind birgt. Bis auf einige weitere historische Skulpturen und ein modernes *Abendmahl*-Gemälde des amerikanischen Künstlers Robert Burke stammen alle Entwürfe für die Kirche, auch die der Fenster, vom Architekten. Alles in allem schuf Gottfried Böhm mit diesem Gesamtkunstwerk eine überdimensionale begehbare Raumplastik, einen Kristall aus Beton. Diese Konzeption sollte später bei seiner Wallfahrtskirche St. Maria in Velbert-Neviges 1968 ihren Höhepunkt finden.

I. G.-Farben-Haus (III E3): Die 1925 in Frankfurt gegründete »Interessengemeinschaft Farbenindustrie AG« war ein Zusammenschluss mehrerer großer Unternehmen der chemischen Industrie. Für den Bau eines neuen Firmensitzes beauf- ◆

tragte das Konsortium den Architekten Hans Poelzig. 1928–31 entstand ein großzügig angelegter axialsymmetrischer Komplex aus Hauptgebäude und Casino, die durch eine terrassenförmig angelegte Parkanlage verbunden waren. Die Gartengestaltung mit einem stufenförmigen Wasserbecken und der Nymphenskulptur *Am Wasser* von Fritz Klimsch konzipierte Poelzig mit Max Bromme, Karl Foerster und den Mitarbeitern Herta Hammerbacher und Hermann Mattern. Das Verwaltungsgebäude und der rechteckige Flachbau des Casinos wurden als Stahlskelett errichtet, mit Backsteinen ausgemauert und mit Travertinplatten verkleidet. Das 250 m lange Hauptgebäude erhebt sich über einem gekrümmten Grundriss und wird durch sechs radial angeordnete Querriegel charakterisiert, die für die sechs Bereiche der chemischen Industrie standen. Das neungeschossige Gebäude ist 35 m hoch und von einem Flachdach bedeckt. Dem zentral zur Betonung des Haupteingangs vorgesetzten Pfeilerportikus entspricht auf der Gebäuderückseite ein vorkragender verglaster Rundbau mit Blick auf Gartenanlage und Casino. Die Eingangshalle wurde mit bronzenen Türen, geschwungener Treppenanlage, Marmorverkleidung und Decke mit Aluminiumauflage repräsentativ ausgestattet. In gelungener Synthese von Moderne und Tradition zeigt Poelzigs Konzernzentrale so etwas wie die Transformation einer barocken Schlossanlage in das 20. Jh. Im Zweiten Weltkrieg unzerstört, wurde der Komplex 1945 von der US-Armee requiriert und diente 1952–96 als Europazentrale der US-Streitkräfte und Sitz des V. US-Korps. Als die US-Armee ihre Truppen abzog, erwarb das Land Hessen die Gebäude. Nach einer denkmalgerechten Sanierung 1998–2001 durch das Architekturbüro Dissing + Weitling wurde das Ensemble als neuer offener Campus für die Geisteswissenschaften der Johann-Wolfgang-Goethe-Universität eingerichtet und nach Norden hin um zahlreiche Neubauten ergänzt. Die zeitweise

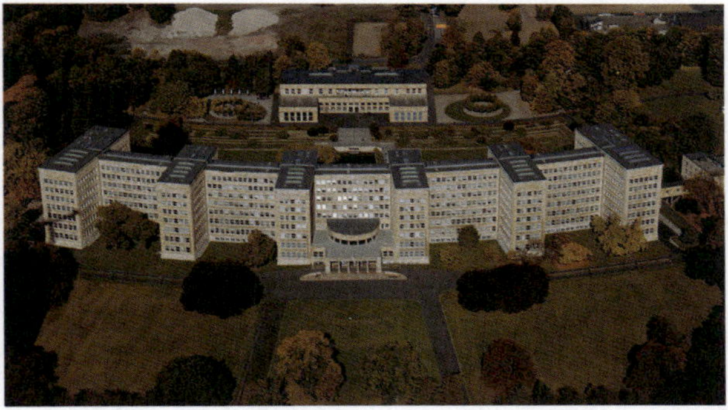

Das I. G.-Farben-Haus

angedachte Umbenennung des denkmalgeschützten Komplexes in »Poelzig-Bau« wurde schließlich verworfen. Der Name I. G.-Farben soll auch an die Verstrickung des Konzerns mit dem NS-Regime (erzwungene Arisierung, massenhafte Zwangsarbeit, Finanzierung eines Konzentrationslagers in Auschwitz-Monowitz) erinnern.

Deutsche Bundesbank (III D1): 1957 wurden die einzelnen Landeszentralbanken mit der Bank deutscher Länder zur Deutschen Bundesbank zusammengelegt, mit Hauptsitz in Frankfurt. Den Wettbewerb für eine neu geplante Zentrale gewann 1961 Otto Apel; noch im selben Jahr gründete Apel mit seinen Mitarbeitern Hannsgeorg Beckert und Gilbert Becker das Büro ABB Architekten. 1967–72 entstand eine querliegende Hochhausscheibe von 217 m Länge und 54 m Höhe bei einer Breite von nur knapp 17 m. Das als Stahlbetonskelett mit dahinter liegender Fensterfont konstruierte Gebäude ist klar strukturiert und symmetrisch konzipiert. Der Baukörper mit seinen 13 Stockwerken wird durch eine erhöhte Sockelzone, einen betonten Dachabschluss und zwei schlanke Eckrahmen eingefasst. Zwei massive Erschließungstürme gliedern die Fassade in einen breiteren Mitteltrakt und zwei Seitenflügel. Die im Stil des Brutalismus errichtete Zentrale der Bundesbank ist ein eindrucksvoller Solitär im Stadtbild und steht als weitgespannter Querriegel in einer Reihe mit Martin Elsaessers ehem. Großmarkthalle, Hans Poelzigs I. G.-Farben-Haus und Egon Eiermanns ehem. Neckermann-Zentrale. Auch der Innenausbau der Bank wurde von ABB entworfen. Teile des nicht öffentlichen Gebäudes mit der bedeutenden Kunstsammlung des Hauses können im Rahmen von Führungen besichtigt werden. In einem späteren Gebäude auf dem Areal wurde das einzige Geldmuseum Deutschlands eingerichtet.

Der **Europaturm** (III C1) ist mit 337,5 m das höchste Bauwerk der Stadt. Obwohl er weit von der klassischen Skyline entfernt steht, ist er, vom Taunus aus gesehen, ein markanter Bezugspunkt im Frankfurter Panorama. 1974 nach Plänen des Architekten Johannes Möhrle unter Mitarbeit von Erwin Heinle und Peter Metzger begonnen, konnte das Bauwerk 1979 als Fernmeldeturm in Betrieb genommen werden. Die Konstruktion wurde in Stahlbeton über einem Ringfundament mit Kletterschalung ausgeführt. Unterhalb der Kanzel in 227 m Höhe verjüngt sich der Turmschaft konisch von 20 m Durchmesser an der Basis auf 11 m nach oben. Die sechsgeschossige Kanzel hat einen Durchmesser von 59 m und bot bis 1999 durch ein öffentliches Restaurant und eine Aussichtsplattform einen spektakulären Rundblick auf Stadt und Umland. Danach wurde der Turm wegen unrentabler Auflagen des Brandschutzes für die Öffentlichkeit geschlossen. Bei Dunkelheit leuchtet die Turmspitze in der Magentafarbe des Eigentümers Deutsche Telekom.

Die katholische **Frauenfriedenskirche** (III B2) ist der wohl größte und bedeutendste Sakralbau der 1920er Jahre in Frankfurt. Die Idee dazu reicht bis in das Jahr 1916 zurück, als die damalige Vorsitzende des Katholischen Deutschen Frauenbundes, Hedwig Dransfeld, mitten im Ersten Weltkrieg den Plan fasste, eine Friedenskirche zu bauen, die als steingewordenes Gebet deutscher Katholikinnen zugleich dem Gedenken an die Kriegsopfer dienen sollte. 1927–29 schuf der Architekt Hans Herkommer ein Ensemble, dem er selbst Monumentalität, Schlichtheit und Ruhe bescheinigte. Das mit Bimssteinen ausgemauerte und mit Kunststeinplatten verkleidete Eisenbetonskelett wird durch einen mächtigen Portalvorbau dominiert, der durch drei hohe Rundbogennischen gegliedert ist. In der mittleren Nische erhebt sich die überdimensionale Skulptur der *Friedenskönigin* des Bildhauers Emil Sutor, die Seitennischen zieren Mosaiken von Friedrich Stich mit Allegorien von *Krieg* und *Frieden.* Im Nordwesten bindet ein kreuzgangartiger Ehrenhof Pfarr- und Gemeinderäume in den Gesamtkomplex ein. Das streng gehaltene Innere der Kirche zeigt einen weitgespannten flachgedeckten Mittelraum, schmale Seitenschiffe und einen eingezogenen erhöhten Chor. Zwei gemauerte Ambonen vor der Triumphbogenwand verstärken die Symmetrie und Axialität der Anlage. Die Chorwand schmückt ein Mosaik des *Gekreuzigten* mit der *Schmerzensmutter* und 18 heiligen bzw. seligen Frauengestalten von Josef Eberz. In der Krypta unter dem Chorraum befindet sich eine *Pietà* von Ruth Schaumann. Aus den 1960er Jahren stammen Farbglasfenster von Joachim Pick.

Holzhausenschlösschen (III F3): Das malerisch im Holzhausenpark gelegene barocke Wasserschlösschen wurde auf den Fundamenten eines bis ins Mittelalter zurückreichenden Vorgängerbaus errichtet. Johann Hieronymus von Holzhausen aus der gleichnamigen bedeutenden Frankfurter Patrizierfamilie ließ das vorhandene Landhaus des 16. Jh.s 1727–29 nach Plänen des Barockbaumeisters Louis Remy de la Fosse durch einen zeitgemäßen Sommersitz nach adligem Vorbild ersetzen. Das viergeschossige Gebäude auf rechteckigem Grundriss wird über eine dreibogige Steinbrücke erschlossen. Auf dem hohen Mansarddach erhebt sich ein quadratisches Belvedere, das mit einem Zeltdach abschließt. Erkennbar ist noch die ehemals repräsentative Zufahrtssituation. Etwa 200 m östlich des Gebäudes hat sich ein schmiedeeisernes Tor mit vier Sandsteinpfosten aus dem späten 18. Jh. erhalten. Von dort gelangte man über eine gradlinige Allee zum Schloss. 1910 schenkte Adolph von Holzhausen Park und Schloss der Stadt. Das Gelände wurde kurz darauf in einen Volkspark für die Öffentlichkeit umgewandelt, der Schlossgraben um einiges verkleinert. Das Gebäude wurde 1995 und 2004 grundlegend saniert und umgebaut.

Deutsche Nationalbibliothek (III F2): Die Architekten Mete Arat, Dieter und Gisela Kaiser konzipierten einen Komplex aus mehreren funktionsbedingt getrennten Bereichen um eine zentrale, mit einer Glaskuppel bedeckte Eingangsrotunde. 1997 wurde er eröffnet. Der gepflasterte Hof vor dem Eingang wird zur Straße hin durch eine gestaffelte Ziegelmauerarkade des dänischen Künstlers Per Kirkeby abgeschirmt. Das in postmodernem Stil errichtete Bibliotheksgebäude mit seinen Fassaden aus Glas und grüner Granitverkleidung ist durch Vor- und Rücksprünge in der Erdgeschoss- und Dachzone gekennzeichnet. Im Zentrum der Eingangshalle befindet sich die 1994 von Georg Baselitz geschaffene Skulptur *Armalamor*.

Rotunde des Hessischen Rundfunks (III F1): Als sich die Stadt Frankfurt 1948 um die Ernennung zur Bundeshauptstadt bewarb, konnte sie selbstbewusst auf ihre demokratische Tradition als Sitz der Nationalversammlung von 1848 verweisen. Gleichzeitig erhielt der Architekt Gerhard Weber den Auftrag, ein Gebäude für den neuen Plenarsaal zu entwerfen. Er konzipierte in bewusster Anknüpfung an die Paulskirche einen Rundbau mit flacher Kuppel, hier jedoch als nahezu vollverglastes Stahlskelett, das an vier Seiten von rechteckigen Treppentürmen in Sandstein flankiert wird. Nach der Entscheidung für Bonn als Hauptstadt 1949 übernahm der Hessische Rundfunk das Gelände und ließ die schon im Rohbau befindliche Rotunde im Inneren durch Weber und Gustav Schäfer für seine Zwecke in Hör- und Sendestudios umbauen. Noch nach den ursprünglichen Entwürfen wurde das Foyer realisiert. Das Entree mit seinen hellen Marmorböden, den mit Kalkstein verkleideten Wänden und vergoldeten Raumstützen bietet bis heute einen elegant-luftigen wie repräsentativen Raumeindruck.

Dornbuschkirche (III E1): Die nach Plänen der Architekten Ernst Görcke und Ludwig Müller entworfene und 1962 eingeweihte evangelische Kirche stand Anfang des Jahrtausends wegen Baufälligkeit vor dem Abriss und sollte durch einen kleineren Neubau ersetzt werden. Nach Plänen des Architekturbüros Meixner Schlüter Wendt wurden jedoch der Altarraum mit dem raumprägenden Farbglasfenster von Hans Adam und der Campanile erhalten und in das neue Konzept einbezogen. Der Grundriss des abgebrochenen Schiffes wurde auf dem Boden des neu gebildeten Kirchenvorplatzes farbig nachgezeichnet. Die neue Außenwand zeichnet durch ihre skulpturale Durchbildung die entfernten Bauteile Eingang, Empore und Altar innen wie außen plastisch nach und erhält so die Erinnerung an das Verschwundene in abstrakt transformierter Form wach. Das Innere ist durch die bewegliche Ausstattung bewusst flexibel gehalten. Durch die hell gefassten Wände und die dunklen Bereiche von Boden und Decke wird der Raum durch das wandhohe Chorfenster Adams mit der Darstellung des segnenden *Christus* geprägt. Die Lösung der Architekten, die 2004–06 umgebaute Kirche bei gleichzeitiger Reduzierung des Volumens künstlerisch neu zu gestalten, wurde mehrfach preisgekrönt. Sie war u. a. Teil des deutschen Pavillons auf der Architekturbiennale in Venedig 2012.

Hauptfriedhof (III G1): Nachdem sowohl der Peterskirchhof als auch der jüdische Friedhof an der Battonstraße Anfang des 19. Jh.s zu klein geworden waren, beschloss die Stadt, einen neuen Hauptfriedhof außerhalb der bestehenden Bebauung anzulegen. Sie beauftragte den Stadtgärtner Sebastian Rinz und den Architekten Friedrich Rumpf mit dessen Anlage; es sollte einen christlichen und einen jüdischen Teil geben. 1828 wurden die beiden nebeneinanderliegenden, durch Mauern getrennten Friedhöfe eröffnet. Rinz legte das Areal im Stil eines englischen Landschaftsgartens an, Rumpf entwarf die jeweiligen Eingangsbereiche als klassizistische, weiß gehaltene Portale mit dorischen Säulen, Dreiecksgiebel und symmetrischen flacheren Flügelbauten – das Portal zum christlichen Teil hin wuchtiger. Den zugehörigen Giebel schmücken zwei Engelsköpfe des Bildhauers Johann Nepomuk Zwerger. Im östlichen Bereich, an der Grenze zum jüdischen Friedhof, schuf Rumpf 1828 eine langgestreckte Gruftenhalle in klassizistischen Formen: eine einseitig offene Galerie mit 55 Arkaden und abschließenden Pavillons. In den insgesamt 57 Gruften befinden sich hauptsächlich Gräber Frankfurter Patrizierfamilien. 1909 erhielt das zwischenzeitlich mehrfach vergrößerte Areal einen neuen Zugangsbereich an der Eckenheimer Landstraße: Nach Plänen der Berliner Architekten Heinrich Reinhardt und Georg Süßenguth entstand eine monumentale Gebäudegruppe mit Toranlage, Trauerhalle und Kapelle. Der in Anklängen an spätantike Gebäude errichtete Kuppelbau wurde im Inneren in Jugendstilformen ausgestaltet. Der Friedhof enthält einige bemerkenswerte **Mausoleen und Gedenkstätten**, darunter: das 1845–47 nach Plänen von Friedrich Maximilian Hessemer errichtete Mausoleum Reichenbach-Lessonitz (Gewann F); die Grabstätte des Industriellen Friedrich Ludwig von Gans, entworfen vom Bildhauer Friedrich Christoph Hausmann nach Art des Tempietto von Bramante und 1909 erbaut (Gewann IV); die Gedenkstätte für die Gefallenen und Opfer der Weltkriege (Gewann VII); die Gedenkstätte für die Opfer des Nationalsozialismus (Gewann I). Unter den bedeutenden Persönlichkeiten, die hier ihre letzte Ruhe fanden, sind neben den Schöpfern des Friedhofs Friedrich Rumpf und Sebastian Rinz u. a. folgende zu nennen: die Philosophen Arthur Schopenhauer, Theodor W. Adorno sowie Alexander und Margarete Mitscherlich; die Dichter und Schriftsteller Friedrich Stoltze und Ricarda Huch; die Ärzte Alois Alzheimer und Heinrich Hoffmann (*Der Struwwelpeter*); der Flugpionier August Euler; der Völkerkundler Leo Frobenius; die Architekten Johann Friedrich Christian Hess, Ernst May und Martin Weber; zahlreiche Politiker, Wissenschaftler, Künstler und Angehörige Frankfurter Patrizierfamilien.

Alter und Neuer Jüdischer Friedhof: Der 1828 eröffnete **Alte Jüdische Friedhof** (III G2) umfasst auf ca. 74 000 qm etwa 30 000–40 000 Gräber. Die hebräische Inschrift auf dem Architrav des Hauptportals bedeutet »Der Friede möge kommen. Sie werden auf ihren Lagern ruhen und in Seiner Gegenwart wandeln« (Buch des Propheten Jesaja). 1886 wurde ein Teil des Areals für die Israelitische Religionsgemeinschaft abgetrennt. Ihre nach orthodoxem Brauch nur mit hebräischen Inschriften versehenen Grabsteine unterscheiden sich von den teils prunkvollen Beispielen wohlhabender liberaler Juden. Neben bekannten Persönlichkeiten wie dem Nobelpreisträger Paul Ehrlich, dem Verleger Leopold Sonnemann, der Frauenrechtlerin Bertha Pappenheim oder dem Bankier und Mäzen Mayer Amschel Rothschild sowie Mitgliedern seiner Familie liegen auf dem Gelände bedeutende Theologen und Personen aus Wissenschaft, Kunst, Kultur und Finanzwesen begraben. Bis auf wenige Ausnahmen erfolgte hier nach 1928 keine Bestattung mehr. Zu dieser Zeit wurde der **Neue Jüdische Friedhof** (Eckenheimer Landstraße 238) eröffnet: Die nach Plänen des Regierungsbaumeisters Fritz Nathan konzipierte Anlage ist über ein dreiteiliges Rechteckportal zugänglich, das in einen langgestreckten kubischen Backsteinriegel eingebunden ist. Die hebräische Inschrift über dem Portal lautet »Wandeln werd ich vor dem Antlitz des Ewigen in den Gefilden des Lebens« (Psalm 116,9). Hinter dem Durchgang öffnet sich ein gepflasterter, von rechteckigen Arkaden umzogener Hof, links flankiert von der Trauer- und Leichenhalle, rechts von Verwaltungsgebäuden. An seinem Ende befindet sich wiederum eine dreiteilige Öffnung, die zu den axial angelegten Grabfeldern führt. Über dem Durchgang ist die Inschrift des Psalms 116,9 in deutscher Sprache angebracht. Die Architektur Nathans zeigt eine strenge geometrische Gradlinigkeit mit Anklängen an das Neue Bauen. Beidseitig der durch einen Hauptweg erschlossenen und durch Hecken gegliederten Gewanne stehen am Anfang die Grabstätten von 800 Frankfurter Juden, die sich der Deportation durch Selbstmord entzogen. Die gleich gestalteten Steine tragen alle die Inschrift »Gestorben für die Heiligung des Namens«.

St. Michael (III H2): Als 1952 der Wettbewerb für eine katholische Kirche im Nordend ausgeschrieben wurde, hatten sich die Teilnehmer mit der Backsteinsiedlung nahe am Bauplatz auseinanderzusetzen, die 1924–26 nach Plänen von Karl

Blattner und Franz Roeckle in Formen des Heimatstils mit expressionistischen Anklängen errichtet worden war. In seinem preisgekrönten und schließlich 1953/54 realisierten Entwurf nahm Rudolf Schwarz darauf Bezug und präsentierte zugleich eine eigenständige skulpturale Lösung: Die Kirche erhebt sich über einem elliptischen Grundriss. Zwei konchenartige Apsiden flankieren die Chorrundung im Norden, während zwei kleinere Eingangsrundbauten im Süden das Grundmotiv variieren. Die vertikale Dynamik des Baus wird durch das konstruktive Gerüst materialsichtiger Stahlbetonstützen charakterisiert. Die Wandflächen dazwischen sind bis kurz unter die Traufzone mit Backstein ausgemauert. Dort lässt ein umlaufendes Band aus Glasbausteinen natürliches Licht ins Innere. Der Raumeindruck mit seinen hellen Wänden ist geprägt durch die Abfolge der dunklen Betonstützen und die netzartige Struktur goldfarbener Streben an der himmelblau gefassten Flachdecke. Als Kontrast zu dieser luftigen Architektur ist der Boden mit schwarzen Schieferplatten belegt. Der von Maria Schwarz entworfene Altar steht im Zentrum der drei Konchen. Die westliche Apsis enthält eine Werktagskapelle, in der östlichen ist die Orgel untergebracht. Unter der erhöhten Altarinsel befindet sich eine Krypta, deren Farbglasfenster von Georg Meistermann entworfen wurden. Der markante runde Glockenturm neben der Kirche wurde nach Plänen des Architekten Karl Wimmenauer 1962 errichtet.

Ostend und Bornheim

Ehem. Großmarkthalle (III I6): Zur Errichtung einer neuen Großmarkthalle entwarf Martin Elsaesser entlang des Mains einen monumentalen Gebäuderiegel von 220 m Länge und 50 m Breite. Als Teil des Neuen Frankfurt ist der 1928 eröffnete ◆

Bau nicht nur das größte Gebäude der Stadt, sondern auch eine technische Meisterleistung: die seinerzeit größte stützenfreie Stahlbetonhalle der Welt. Flankiert wurde die langgestreckte Verkaufshalle von zwei achtgeschossigen verklinkerten Kopfbauten, die im Westen Verwaltungsräume enthielten und im Osten neben Verkaufsständen als Kühlräume ausgebildet waren. Nach dem Auszug der Marktbetriebe 2004 ließ die **Europäische Zentralbank (EZB)** die Großmarkthalle zu ihrem Hauptsitz umbauen. In einem entsprechenden internationalen Architekturwettbewerb wurde das Wiener Büro Coop Himmelb(l)au 2005 zur Ausführung bestimmt. In diesem Zusammenhang wurden im selben Jahr die beiden Kopfbauten abgerissen. Das westliche Drittel des Hallendachs war im Zweiten Weltkrieg zerstört worden, und so verbindet heute ein moderner Querriegel als Eingangsbauwerk an der Sonnemannstraße die im Inneren umgebaute historische Halle mit dem neuen Hochhausdoppelturm. Ebendieser in dekonstruktivistischem Stil errichtete verglaste Neubau der EZB besteht aus zwei polygonalen Elementen von 185 bzw. 165 m Höhe, die durch ein verglastes Atrium verbunden sind. Das als »vertikale Stadt« konzipierte Atrium wird durch Umsteigeplattformen in drei Abschnitte mit Höhen zwischen 45 und 60 m unterteilt. Als *landmark* ist der EZB-Turm ein weithin sichtbarer Solitär im Frankfurter Osten und korrespondiert mit der eigentlichen Skyline im Westen der Stadt.

Erinnerungsstätte Großmarkthalle (Philipp-Holzmann-Weg): In der NS-Zeit nutzten Gestapo und NSDAP die Logistik der Großmarkthalle ab 1941, um Juden aus Frankfurt und dem Rhein-Main-Gebiet für die Deportation zu sammeln. Seit 2009 entstand, organisiert von der Stadt und dem Jüdischen Museum in Absprache mit der EZB, das Konzept für eine Erinnerungsstätte an der Frankfurter Großmarkthalle, die über die organisierte Vertreibung und Ermordung der Juden informie-

Ehem. Großmarkthalle / Europäische Zentralbank EZB

ren und der Opfer gedenken sollte. Nach einem internationalen Wettbewerb wurde das Architekturbüro KatzKaiser aus Köln und Darmstadt mit der Ausführung beauftragt. Das Mahnmal wurde 2015 eröffnet. Es umfasst erhaltene Orte wie Keller, Rampen und Gleise und verknüpft sie mit neuen Bauteilen. Zitate von Ermordeten, Überlebenden und Beobachtern der Massendeportation sind in Boden, Wänden und im Außenbereich platziert und folgen in ihrer Anordnung einer chronologischen Dramaturgie. Der auf dem Areal der EZB befindliche Teil der Erinnerungsstätte kann nur im Rahmen von Führungen besucht werden, der Bereich östlich der Großmarkthalle ist öffentlich zugänglich.

Die katholische **Allerheiligenkirche** (III I4) entstand 1952/53 unmittelbar nördlich des Zoos und inmitten eines Wohngebietes, nach Entwürfen von Alois Giefer und Hermann Mäckler, einem ehem. Mitarbeiter Martin Webers. Es war der erste große katholische Sakralbau in Frankfurt nach dem Zweiten Weltkrieg. Die Architekten konzipierten einen Stahlbetonskelettbau über parabelförmigem Grundriss mit zwei seitlichen Anbauten am Chorbereich und einem zur Straße vorangestellten Kampanile. Die Fassaden des Gotteshauses sind außen mit wechselnden Streifen aus hellgrauen und gelben Klinkern verkleidet. Die leicht konvex vorgewölbte Eingangsseite mit ihren drei Portalen ist durch in die Mauerflächen eingeschnittene Reliefs von sieben Heiligen über den Türen geschmückt, ein Werk des Bildhauers Hans Mettel. Der streng in weiß gehaltene Innenraum wird rhythmisiert durch die schlanken Betonstreben und mündet optisch bei der Altarinsel, die von einer baldachinartigen Lichtkuppel überhöht wird. In den seitlichen Anbauten befinden sich Emporen, der linke Annex beherbergt zudem die Taufkapelle, der rechte Sakristei und Orgel. Die Allerheiligenkirche mit ihrer klaren Gestalt und der reduzierten Ornamentik bei gleichzeitiger Ausrichtung auf die liturgischen Reformideen ist als klassisches Beispiel der 1950er-Jahre-Sakralarchitektur schon 1986 unter Denkmalschutz gestellt worden.

Die katholische **Heilig-Kreuz-Kirche** (III J3), 1928/29 nach Plänen von Martin Weber errichtet, bildet den baulichen Abschluss und architektonischen Höhepunkt der Ernst-May-Siedlung Bornheimer Hang. Das Gebäude ist ein mit Ziegeln ausgemauertes Stahlbetonskelett und besteht aus zwei T-förmig zueinander gruppierten kubischen Blöcken, deren Fassaden verputzt und analog zu den Siedlungshäusern weiß gefasst sind. Dem nach Norden ausgerichteten Schiff mit den schlanken Rundbogenfenstern ist ein mächtiger Querriegel vorgelagert, der als Glockenturm zugleich auch die Eingangszone enthält. Besonders markant sind die über eine Freitreppe aufragenden Rundbogenarkaden. Aus der ansonsten ungestalteten

Stirnwand ragen die Tragbalken des Glockenstuhls heraus; die figürlichen Symbole der Evangelisten darauf schuf der Bildhauer Arnold Hensler ebenso wie das Flachrelief des *Schweißtuchs der Veronika* darunter und eine hölzerne *Pietà* in der Eingangshalle. Das Innere der Kirche präsentiert sich als kastenförmiger Raum mit schmalen, durch hohe Rundbogenarkaden gegliederten Seitenkapellen. Als Weiterentwicklung zur St.-Bonifatius-Kirche in Sachsenhausen verzichtete Weber auf eine Abtrennung des Chorbereichs, um Priester und Gemeinde im Sinne der liturgischen Bewegung näher zusammenzubringen. Nach Teilzerstörung im Zweiten Weltkrieg und Wiederaufbau mit veränderter Ausstattung wurde die seit 1986 unter Denkmalschutz stehende Heilig-Kreuz-Kirche 1990–92 restauriert; dabei erhielt sie ihre ursprüngliche Ausmalung in rötlich changierendem Schachbrettmuster zurück.

Die Wohnsiedlungen in den äußeren Stadtteilen

Die **Siedlung Riederwald** (Am Erlenbruch, Johanna-Tesch-Platz, Raiffeisenstraße, Motzstraße, Harkortstraße, Lahmeyerstraße und Verbindungsstraßen; s. Übersichtskarte) entstand in drei Abschnitten ab 1909, zuerst v. a. für die Arbeiter des neuen Osthafens. Die zweigeschossigen Doppelhäuser mit Mansarddach und Vorgärten wurden im sog. Heimatstil errichtet. Ab 1914 folgten mehrstöckige Wohnbauten mit expressionistischen Anklängen. Den dritten Abschnitt bildeten 1926/27 über 300 Häuser v. a. um die Lassallestraße; sie wurden nach einem Gesamtentwurf von Ernst May und Herbert Böhm durch verschiedene Architekten im Stil des Neuen Frankfurt ausgeführt. Der Plan von 1926, den Riederwald durch die Siedlung Rotenbusch städtebaulich mit dem Bornheimer Hang zu verbinden, konnte aufgrund der Weltwirtschaftskrise letztlich nicht realisiert werden. Ähnlich wie am Riederwald entstand auch die Hellerhofsiedlung im Gallus (s. S. 89) in mehreren Phasen.

Das **Gartenbad Fechenheim** (Konstanzer Straße 16, s. Übersichtskarte) wurde – wie die schon im Stil des Neuen Bauens errichtete Holzhausenschule (1928) und die Pestalozzischule (1926, s. S. 117) – von Martin Elsaesser entworfen. Entstanden in den Jahren 1927–29, war es innovativ durch die erstmalige Verbindung von Schwimmhalle und Naturraum. In Fechenheim hervorzuheben sind zudem das **Gaswerk Ost** (Schielestraße; 1910–12, Entwürfe von Peter Behrens) sowie das elegante Gebäude des **ehem. Versandhauses Neckermann** (Hanauer Landstraße 360; 1958–61, Entwürfe von Egon Eiermann).

Die nach Plänen des Architekten Martin Weber 1930/31 errichtete **Heilig-Geist-Kirche** (Schäfflestraße 19; s. Übersichtskarte) war nach dem I. G.-Farben-Gebäude erst der zweite als Stahlskelettkonstruktion errichtete Bau in Frankfurt. Durch diese Technik, die auch aus ökonomischen Gründen zur Anwendung kam, und die wenig sakral anmutende Fassadengestaltung mit der Reihung von Bullaugenfenstern und dem offenen Glockenstuhl war das Gebäude seinerzeit nicht unumstritten. Weber legte dem Bau, der schließlich mit Bimshohlsteinen ausgemauert wurde, in Grund- und Aufriss ein 4-m-Raster zugrunde. Die Länge beträgt 36 m, die Breite 16 m. Markant sind am Außenbau die Portalrahmen mit den Betongussreliefs von Arnold Hensler – im Süden die *Ausgießung des Heiligen Geistes*, im Norden die *Sieben Gaben des Heiligen Geistes*. Auf der Nordwand des Schiffes befindet sich zudem eine Darstellung der *Verkündigung an Maria*. Besondere Bedeutung hat im Innenraum die Position des Altars: ganz nach den Bestrebungen der liturgischen Bewegung inmitten der Gemeinde. Diese seinerzeit ungewöhnliche Lösung und die gleichfalls zukunftsweisende Trennung des Tabernakels vom Altar ermöglichten es dem Priester schon 1931, den Gottesdienst mit Blick zur Gemeinde zu feiern. Erst das Zweite Vatikanum in den 1960er Jahren sollte diese Raumordnung für die katholische Kirche sanktionieren. Der Altar wird in der Heilig-Geist-Kirche weiterhin dadurch betont, dass durch die Fenster des Lichtturms die größte Lichtfülle auf die Mensa strahlt. An der Nordwand des Schiffes befindet sich ein Freskenzyklus zum Wirken des Heiligen Geistes in der Apostelgeschichte von Willy Oeser. Die im Zweiten Weltkrieg schwer beschädigte Kirche wurde nach ihrer Instandsetzung mehrfach renoviert, erhielt bei der letzten Maßnahme jedoch weitgehend ihren Originalzustand.

Pestalozzischule (Vatterstraße 1; s. Übersichtskarte): Im Zusammenhang mit dem 1926 entworfenen und dann nicht realisierten städtischen Bebauungsplan Rotenbusch errichtet, liegt die Pestalozzischule (früher Konrad-Haenisch-Schule) heute etwas isoliert gegenüber der Siedlung Riederwald. Der 1926–28 nach Plänen von Martin Elsaesser entworfene Komplex kombiniert expressionistische Elemente mit dem Neuen Bauen. Er besteht aus einer dreiflügeligen Anlage von drei- bzw. viergeschossigen, flachgedeckten Klinkerbauten. Das Hauptgebäude im Westen, mit Klassenzimmern, Verwaltungsräumen, Festsaal sowie Turnhalle und Schulbad, wird von einem Nord- und einem Südtrakt flankiert. In dem Ensemble waren zudem ein Kindergarten, Lehrerwohnungen und Gemeinschaftsräume untergebracht. Ein vierter Flügel mit Wohnungen im Osten komplettiert die Anlage. Der Schulhof ist somit ganzseitig umschlossen. Der Gesamtkomplex wirkt auf den ersten Blick zwar eher trutzig, aber die Fassaden sind durch eine ausgewogene Staffelung der Bauteile, unterschiedliche Fensteröffnungen und den Materialwechsel von Klinker und Naturstein bzw. Beton aufgelockert. Die Schule wurde 2014 denkmalgerecht saniert. Ebenfalls nach Entwürfen Elsaessers entstanden die schon im Stil des Neuen Bauens errichtete Holzhausenschule (1928) sowie das Gartenbad Fechenheim (1927–29, s. S. 116).

Siedlung Am Lindenbaum (Am Lindenbaum, Nußzeil, Hinter den Ulmen; s. Übersichtskarte): In den Jahren 1929/30 entstand eine von drei Straßenzügen begrenzte Siedlung nach Entwürfen des Bauhaus-Gründers Walter Gropius. Hinter der **Ludwig-Richter-Schule** (Hinter den Ulmen 10; 1928, nach Plänen von Martin Elsaesser) wurden die viergeschossigen Gebäude parallel zur Eschersheimer Landstraße und zur Nußzeil errichtet. Zur Straße Hinter den Ulmen werden die Längstrakte kammartig durch Querbauten verbunden, so dass sich nach Süden begrünte Innenhöfe ausbilden. Insgesamt wurden 198 Wohnungen von 45 bis 72 qm als Zwei- bis Vierzimmerwohnungen geschaffen, alle mit Küche, Bad, Mansarde und Balkon. Die Fassaden der in Ziegelbauweise errichteten, verputzten und mit Flachdach versehenen Gebäude werden durch horizontale Fensterbänder charakterisiert. Vertikale, beidseitig von Loggien flankierte Treppenhausbänder sowie in Reihen geschossweise vorkragende Balkone lockern die Wandflächen auf.

Von den Projekten der Niddatalbebauung nimmt die **Siedlung Höhenblick** (Höhenblick, Fuchshohl, Kurhessenstraße, III E1; 1926/27, Ernst May; Mitarbeit: Herbert Böhm und Carl-Hermann Rudloff; Grünflächen: Max Bromme) insofern eine Sonderstellung ein, als sie mit nur etwas über 100 Wohnungen nicht nur die erste und kleinste Anlage der Gesamtplanung war: Sie liegt im Gegensatz zu den größeren Siedlungen Römerstadt und Praunheim auch südlich des Flusses und bietet vom Ginnheimer Hang aus einen reizvollen Blick über das Niddatal auf die Höhen des Taunus im Hintergrund. Von vornherein waren die im Stil des Neuen Bauens entworfenen Wohneinheiten aufgrund ihrer Größe und gehobenen Ausstattung für den bürgerlichen Mittelstand angelegt. So wohnten hier neben Ernst May und Martin Elsaesser u. a. auch die Architekten Rudloff und Max Cetto, der Grafiker Hans Leistikow und der Maler Willy Baumeister. Schon 1925/26 hatten May und Elsaesser ihre Privathäuser in der attraktiven Lage geplant und realisiert.

Wohnhaus Ernst May (Ludwig-Tieck-Straße 11): Das Gebäude konzipierte der Architekt ganz im Sinne der Neuen Sachlichkeit als winkelförmigen, flachgedeckten Kubus mit verputzten Wandflächen und geräumiger Dachterrasse. Ein besonderes Charakteristikum war das große, über Eck geführte Wohnraumfenster, dessen unterer Teil versenkbar war. Die räumliche Annäherung an die Natur entsprach den Reformvorstellungen des Landschaftsarchitekten Leberecht Migge, nach dessen Ideen auch der Garten um das Haus ursprünglich angelegt war. Das zweistöckige Gebäude erfuhr im Laufe der Zeit mehrere Umbauten und befindet sich wie das Haus Elsaesser heute in Privatbesitz.

Wohnhaus Martin Elsaesser (Höhenblick 37): Das villenähnliche Gebäude hebt sich durch seine Materialität deutlich von der übrigen Bebauung ab. Auch in kubischen Formen mit Flachdach entworfen, handelt es sich hier um einen Klinkerbau über T-förmigem Grundriss mit Anklängen an expressionistische Architekturformen. Zur Straße hin wirkt der Bau eher geschlossen, zum geschützten Gartenbereich hin öffnet er sich, ausgerichtet auf das Niddatal.

Die 1927/28 errichtete **Siedlung Römerstadt** (In der Römerstadt, An der Ringmauer, Im Burgfeld und Verbindungsstraßen; s. Übersichtskarte) war nach der Siedlung Praunheim (s. Übersichtskarte) der zweite und mit 1220 Wohneinheiten größte Abschnitt im Niddatalprojekt des Neuen Frankfurt. Den Gesamtplan entwarfen Ernst May, Herbert Boehm und Wolfgang Bangert, die Ausführung der Abschnitte oblag neben May auch den Architekten Carl-Hermann Rudloff, Karl Blattner, Gustav Schaupp und Franz Schuster. Die Gartengestaltung konzipierte Leberecht Migge. Vorgegeben durch die topographische Lage erstrecken sich die Wohnstraßen terrassenförmig am Nordhang des Flusses auf dem Grund der römischen Siedlung Nida. Eine Stützmauer mit basteiartigen Rondellen grenzt die Anlage talseitig ab. Der Westteil der Bebauung verläuft eher parallel linear, während der östliche Bereich radial angelegt ist. An der zentralen Hadrianstraße wurden die Grundschule (heute Geschwister-Scholl-Schule, s. S. 121) und die Ladenzeile für die Nahversorgung platziert. Die langen Reihen funktional gestalteter zweigeschossiger **Einfamilienhäuser** werden punktuell durch höhere Kopfbauten an Straßeneinmündungen aufgelockert. Aufgrund strenger gestalterischer Vorgaben zeichnen sich die Siedlungsbauten durch eine große stilistische Einheitlichkeit aus. Die in Ziegelbauweise errichteten Häuser erhielten flache Dächer, verputzte Fassaden und kleine Gartenflächen. Charakteristisch ist die Zusammenfassung zweier Einfamilien-Einheiten durch ein Doppelportal unter einem gemeinsamen Vordach (sog. Zweispänner). Bewohner der mehrstöckigen Bauten konnten einen Garten im Bereich der Stützmauer pachten. Innen waren die Wohnhäuser nach funktionalen Gesichtspunkten klar typisiert. Raumdisposition und Ausstattung waren standardisiert. Neben Dusche oder Bad, WC und Frankfurter Küche gab es ein von Franz Schuster und Ferdinand Kramer entworfenes einfaches Möbelprogramm. Die nach sozialreformerischen Vorstellungen für mehr Luft, Licht und Naturnähe angelegte Römerstadt war die erste vollelektrifizierte Siedlung in Deutschland. Sie reiht sich ein in das architektur- und sozialgeschichtlich bedeutende Wohnbauprogramm des Neuen Frankfurt (als weitere wichtige Großprojekte entstanden unter der Ägide der May-Administration die Siedlungen Bornheimer Hang mit der Heilig-

Die Siedlung Römerstadt, Luftbild um 1930

Kreuz-Kirche [s. S. 114] und der Charles-Hallgarten-Schule, Praunheim [s. S. 123], Westhausen [s. S. 123] sowie südlich des Mains die Heimatsiedlung in Sachsenhausen und die Siedlung Bruchfeldstraße in Niederrad).

Die zentral in der Siedlung Römerstadt gelegene **Geschwister-Scholl-Schule** (Hadrianstraße 18) wurde 1928/29 nach Plänen von Martin Elsaesser und Walter Schütte ganz im Stil des Neuen Bauens als Römerstadtschule errichtet. Sie bildete mit der nahen Ladenzeile am Beginn der Hadrianstraße einen zentralen städtebaulichen Bezugspunkt der May-Siedlung Römerstadt. Das dafür errichtete Gebäude des Hadrianblocks ist durch die abgerundeten Kopfenden mit den Dachterrassen, den Bullaugenfenstern bei den Treppenhäusern und dem S-förmigen Grundriss besonders betont, wirkt skulptural und erinnert damit entfernt an Erich Mendelsohn. Als Blickfang des winkelförmigen, flachgedeckten Schulbaus überragte der

Treppenturm die umgebende Bebauung. Der einbündige viergeschossige Klassentrakt erstreckt sich nach Südosten und erhält durch horizontale Fensterbänder ausreichend Tageslicht. Ein im rechten Winkel anschließender Trakt mit Turnhalle und Hausmeisterwohnung stellt die Verbindung zu den Siedlungshäusern her. Mit dem Bau der Rosa-Luxemburg-Straße und der U-Bahn-Trasse von der Nordweststadt her in den 1970er Jahren wurde die Siedlung Römerstadt durch eine große Verkehrsachse durchschnitten – die Schule lag nun direkt an dieser Schneise. Sie erhielt 1992–94 einen **Erweiterungsbau** nach Plänen des renommierten Architekturbüros Günter Behnisch & Partner, der die Anlage durch eine hohe Schallschutzmauer aus Beton abschirmte. Dahinter konzipierte Behnisch ein in dekonstruktivem Sinn spielerisches, dynamisch zerklüftetes Bauwerk mit hoher Transparenz, unter Verwendung verschiedener Formen, Farben und Materialien.

Inmitten des historischen Ortskerns von Niederursel erhebt sich auf kleiner Anhöhe die evangelische **Gustav-Adolf-Kirche** (Alt-Niederursel 30; s. Übersichtskarte). Sie wurde 1927/28 anstelle der spätgotischen St.-Georgs-Kirche nach Plänen von Martin Elsaesser und Gerhard Planck errichtet, als oktogonaler verputzter Betonbau mit kupfergedecktem Zeltdach. Einerseits sticht das Gebäude in formaler Gestaltung und Material aus dem umliegenden Fachwerkensemble heraus, andererseits gliedert es sich in den dörflichen Maßstab ein. Im Südwesten erhebt sich der rechteckige Glockenturm, im Südosten liegt der Eingang mit einer Vorhalle, dem Zugang zur Taufkapelle und dem Aufgang zur Empore. Im Inneren kombinierten die Architekten die protestantischen Ideen des Zentralraums (vgl. die Wiesbadener Ringkirche, 1892, Johannes Otzen) und des Richtungsraums (Eisenacher Regulativ, 1861). Der Zentralität des achteckigen Raumes wird die Positionierung von Kanzel und Altar, hier in Anlehnung an die Form des Kanzelaltars, mit entsprechender Gestühlsausrichtung entgegengesetzt. Die Taufkapelle, in die Teile des Vorgängerbaus integriert wurden, kann bei Bedarf durch drei große Fenster zum Hauptraum geöffnet werden. Auf der Empore darüber ist die Orgel untergebracht. Der in seiner Grundform an Theodor Fischers achteckiger Kirche in Planegg (1926) orientierte Bau zeigt Elsaessers Annäherung an das Neue Bauen auch auf der Außenseite, v. a. durch die umlaufenden Fensterbänder unterhalb der Dachzone und in vertikaler Form am Turm. Im Laufe der Jahrzehnte mehrfach renoviert, wurde die Gustav-Adolf-Kirche 2016/17 nach historischen Befunden weitgehend in den Originalzustand zurückversetzt.

Die **Siedlung Praunheim** (Ludwig-Landmann-Straße, Fritz-Schumacher-Weg, Heerstraße, Am Ebelfeld, Damaschkeanger und Verbindungsstraßen; s. Übersichtskarte) entstand in den Jahren 1926–29 als erster Abschnitt im Niddatalprojekt des Neuen Frankfurt. Zu den weiteren wichtigen Großprojekten, die unter der Ägide der May-Administration entstanden, s. S. 16.

Eines davon war die **Siedlung Westhausen** (Westring, Kollwitzstraße, Ludwig-Landmann-Straße und Verbindungsstraßen, s. Übersichtskarte). Auf dem zugehörigen Friedhof ist die Trauerhalle des Architekten Günther Bock und des Bildhauers Otto Hajek bemerkenswert (1965).

Höchst (s. Übersichtskarte)

Höchster Altstadt: Trotz zweier großer Stadtbrände (1586 und 1778), etlicher Verwüstungen im Dreißigjährigen Krieg und einiger, wenn auch eher geringerer Schäden im Zweiten Weltkrieg hat die Höchster Altstadt mit einer großen Anzahl historischer Gebäude die Zeit überdauert. Neben einigen bedeutenden Steinbauten, vornehmlich aus der Renaissance, dominieren v. a. **Fachwerkhäuser** aus dem 17. und 18. Jh. das Stadtbild. Ausgehend vom reizvollen Ensemble des Schlossplatzes finden sich an die 100 solcher Gebäude in den Straßenzügen nördlich des Höchster Schlosses und der Justinuskirche. Nicht umsonst ist Höchst als einziger Stadtteil Frankfurts Station der Deutschen Fachwerkstraße. Erwähnenswerte steinerne Gebäude sind: der Wohn- und Wirtschaftsbau des **Antoniterklosters** (Bolongarostraße 137–139) von 1441–43 und das von den Brüdern Oswald und Jakob Stupanus errichtete **Alte Rathaus** (Allmeygang 8) von 1594/95 – das durch seine Staffelgiebel und zweibahnige Fenster charakterisierte Gebäude wurde im 19. Jh. umgebaut und ist heute ein privates Wohnhaus. 1582 ließ Hartmut von Cronberg das **Dalberger Haus** (Bolongarostraße 186) errichten und verkaufte es schon vier Jahre später an den namensgebenden Mainzer Erzbischof Wolfgang von Dalberg. Durch den zeitnahen Stadtbrand beschädigt, erhielt das zweigeschossige Renaissancegebäude 1586/87 ein mit Mannfiguren, Andreaskreuzen, Feuerböcken und Schnitzwerk aufwendig gestaltetes Fachwerkobergeschoss sowie ein neues Walmdach. Über dem straßenseitigen Zugang befindet sich ein Schlussstein mit einem Dreigesicht. Das **Greiffenclau'sche Haus** (Wed 13) wurde wohl um 1590–1600 im Renaissancestil erbaut. Der dreistöckige Bau mit Rollwerkgiebel und zwei- bzw. dreibahnigen Rechteckfenstern hat auf der Rückseite einen oktogonalen Treppenturm aus dem 16. Jh. Das vermutlich für die Herren von Heusenstamm errichtete Gebäude (Wappen am Kellerzugang) ging später in den Besitz derer von Greiffenclau über und diente mit der Zehntscheune (inzwischen abgerissen) ab 1746 als erster Firmensitz der Höchster Porzellanmanufaktur.

Höchster Stadtbefestigung (Batterie, Mainberg): Eine erste, in staufische Zeit zurückreichende Stadtmauer wurde

1396 weitgehend zerstört. Der Wiederaufbau dauerte bis in die 1470er Jahre und umfasste auch eine Verstärkung der Verteidigungseinrichtungen. Bis heute erhalten haben sich davon v. a. ein etwa 400 m langer Mauerwerksabschnitt entlang des Mains mit Resten von Rund- und Flankentürmen, das spitzbogige **Maintor** sowie die anschließende sog. **Batterie**. Der **Ochsenturm** an der Südwestecke, ein steinerner Rundbau aus dem 13. Jh., steht im Garten des Neuen Schlosses und ist nicht öffentlich zugänglich. Der zwischen Maintor und Schlossplatz gelegene **Zollturm** aus der Zeit um 1360 wurde nach Beschädigungen im Dreißigjährigen Krieg 1664 wieder aufgebaut. Das zweigeschossige Gebäude ruht auf einer bogenförmigen Tordurchfahrt, die nach Norden hin durch eine Fachwerkkonstruktion unterfangen wird. Die oberen Stockwerke bestehen aus verschiefertem Fachwerk.

Höchster Schloss (Höchster Schlossplatz 16): Von der ehem. Zollburg der Mainzer Erzbischöfe aus mittelalterlicher Zeit hat sich bis auf ein paar Mauerreste lediglich der hochragende runde Bergfried des 14. Jh.s erhalten, dem 1681 der heutige Aufbau mit Haube und Laterne hinzugefügt wurde. Ein nach 1582 errichtetes Renaissanceschloss wurde im Dreißigjährigen Krieg 1635 weitgehend zerstört. Verschont blieb ein rechteckiges Wohngebäude mit geschweiften Giebeln und einem massiven Rundturm an der Ecke, dessen Kern auf das 14. Jh. zurückgeht. Neben dem Wohnhaus liegt der reich gestaltete Torbau, der über eine Brücke, die den Graben (trockengelegt) überspannt, zu erreichen ist. Auf der Seitenmauer der Brücke sitzt eine Skulptur des *Johannes Nepomuk* aus dem 18. Jh. Die nach außen weisende Fassade des Torbaus ist im Erdgeschoss durch rustizierte dorische Halbsäulen, im ersten Stock durch ionische Pilaster gegliedert. In einer Rundbogennische über der Durchfahrt sitzt eine Skulptur des *Heiligen Martin* mit Bettler (Kopie, Original im Neuen Schloss). Die zerstörten Teile des Alten Schlosses wurden im 18. Jh. dazu genutzt, um Baumaterial für den Bolongaropalast zu gewinnen. Der Gewölbekeller des ehem. Palas blieb allerdings erhalten.

Jenseits des Burggrabens befindet sich das **Neue Schloss** (Burggraben 1), ein ehem. Adelshof aus der Zeit um 1600. Das zweigeschossige Gebäude mit Schweifgiebeln wurde im Zuge der Erweiterung des Alten Schlosses als kurfürstlicher Kavalierstrakt und Gästehaus eingerichtet und später mehrfach umgebaut.

◆ Die katholische **Justinuskirche** (Justinusplatz 3) ist seit der Eingemeindung von Höchst 1928 mit ihrem in karolingische Zeit weisenden Kern das älteste bestehende Gebäude der Stadt Frankfurt. Ihre Gründung geht wohl auf das erste Drittel des 9. Jh.s zurück, als der Mainzer Erzbischof Otgar die Reliquien des Hl. Justinus aus Rom nach Höchst brachte und einen Kirchenbau begann. Um 850 dürfte das Gebäude unter seinem Nachfolger Rhabanus Maurus vollendet worden sein. Die dendrochronologische Untersuchung eines hölzernen Maueranker über dem Triumphbogen 1986 sowie eine C14-Datierung von Holzkohle im Mauermörtel bestätigten diese Annahme. Bauuntersuchungen hatten 1976 zudem ergeben, dass das Mauerwerk einheitlich aus einer Bauphase stammt. Umstritten ist in der Forschung dagegen, ob das Schiff in karolingischer oder frühromanischer Zeit um 1000 errichtet wurde. Für eine Frühdatierung werden v. a. die großartig gearbeiteten korinthisierenden Kapitelle mit Akanthusblattwerk und die kannelierten Kämpfer herangeführt, für die es im Mittelmeerraum Vergleichsbeispiele aus dem 6.–9. Jh. gibt. Zusammen mit den erhaltenen Säulen und Arkaden bilden sie ein einmaliges Zeugnis frühmittelalterlicher Architektur. Ausgrabungen hatten 1926 im Bereich östlich des Schiffes drei rechteckige Altarräume mit halbrunden Apsiden ergeben, so dass sich der Ursprungsbau als dreischiffige Basilika mit querschiffartigem

Justinuskirche, Mittelschiff

Chorbereich darstellt (vgl. das Sandsteinmodell auf dem Platz vor der Kirche). Als Vergleichsbau für den Grundriss kann die sog. Einhardsbasilika in Steinbach/Odenwald (erbaut wohl 823–827) genannt werden, die allerdings weit weniger schmuckvoll ausgestaltet wurde. Um 1090 stürzte die Südwand der Kirche samt südlichem Altarraum ein. Das Gebäude wurde unter Verzicht auf die südliche Apsis instandgesetzt. Während dieser Maßnahmen wurde auch ihr nördliches Pendant niedergelegt. Der Verlauf des Apsisbogens lässt sich an der Außenmauer noch gut nachvollziehen. 1441 ging die Kirche in den Besitz des Antoniterordens über. Die kurz zuvor erfolgten ersten Umbaumaßnahmen wurden nun einem neuen Gesamtplan unterworfen. So sollte das bisherige Gebäude durch einen umfangreichen Neubau ersetzt werden, für dessen Ausführung die Frankfurter Dombauhütte bestimmt worden war. So entstand bis Mitte der 1460er Jahre der spätgotische Hallenchor mit seinen dreibahnigen, quergeteilten Maßwerkfenstern. Dazu wurden die drei Kapellen mit ihren Kreuzrippen- und Netzgewölben und die Eingangshalle mit dem schmuckvollen Portal an der Nordseite vollendet. Die flankierenden Figuren der Heiligen *Paulus von Theben* und *Antonius Abbas* sind Kopien (Originale in der Taufkapelle). Im selben Zeitraum wurde auch die etwas ältere Heilig-Kreuz-Kapelle zu einer zweistöckigen Sakristei mit Treppenturm umgebaut. Die Maßwerkfenster im Langhaus und das Netzgewölbe im nördlichen Querarm entstanden bis 1513. Danach endeten die Baumaßnahmen, so dass der wertvolle frühmittelalterliche Bestand im Schiff erhalten blieb. Noch in romanische Zeit zu datieren sind die drei Löwen, die das spätgotische Taufbecken tragen. Aus dem 15. Jh. stammen die Darstellung des *Jüngsten Gerichts* auf dem Triumphbogen, die lebensgroße Holzplastik des *Heiligen Antonius* in der östlichen Kapelle sowie die Bildtafeln des Kreuzaltars nach Stichen von Martin Schongauer in der mittleren Kapelle. Die in der Kirche platzierten Grabsteine stammen aus dem 15.–17. Jh. Der Antoniterorden bestimmte bis zu seiner Auflösung während der Säkularisation 1803 die Gestalt der Kirche. In barocker Zeit betraf das, neben Dach und Dachreiter am Außenbau, v. a. die Innenausstattung. Hier ist besonders der Hochaltar von 1724–26 zu nennen, eine Mainzer Arbeit von Johannes Wiess. Die seitlichen Figuren der Heiligen *Joseph* und *Augustinus* stammen vom Frankfurter Bildhauer Uhrwercker. Die 1737/38 an der Westwand aufgestellte Orgel wurde von Johannes Onimus aus Mainz geschaffen

(1987/88 restauriert und mit einem neuen Orgelwerk versehen). Vermutlich ebenfalls aus der Werkstatt von Johannes Wiess stammen die 1812 aus dem aufgelösten Kloster Gottesthal/Rheingau übernommenen Barockaltäre im nördlichen Querarm mit einer *Pietà* und im südlichen Seitenschiff mit einer *Mondsichel-Madonna*. 1931 wurde der Chor mit einem Rabitzgewölbe eingedeckt, 1970 das Quadermauerwerk in Lang- und Querhaus aufgemalt, 1986 im Rahmen verschiedener Restaurierungen das Chorgestühl nach alten Befunden erneuert. Eine Besonderheit ist zudem das in einer Vitrine in der östlichen Seitenkapelle ausgestellte ottonische Kruzifix, eine Bronzedarstellung aus der zweiten Hälfte des 10. Jh.s: Es wurde nach dem Zweiten Weltkrieg auf dem Klostergelände der Antoniter in Roßdorf gefunden und gelangte 2010 als Schenkung in die Justinuskirche.

Bolongaropalast (Bolongarostraße 105–111): 1772–74 ließen die Brüder Josef Maria Marcus Bolongaro und Jakob Philipp Bolongaro aus Stresa am Lago Maggiore eine gewaltige U-förmige Schlossanlage oberhalb des Mainufers errichten. Das Gebäude mit seinem 43-achsigen und 117 m langen Haupttrakt enthält mitsamt den Seitenflügeln annähernd 300 Zimmer und ist einer der wohl größten bürgerlichen Palastbauten nördlich der Alpen. Der Architekt Johann Jakob Schneider adaptierte barocke Fürstenschlösser und gestaltete den Komplex durch raffiniert gestaffelte Bauteile mit einem prominenten Mittelrisalit und zwei- bzw. dreigeschossigen seitlichen Pavillons. Die hell verputzten Fassaden sind durch Lisenen, Gesimse und Fensterrahmungen aus rotem Sandstein gegliedert. Risalite und Pavillons sind zusätzlich durch Balkone mit Ziergittern und Rokokokartuschen akzentuiert. Im Zentrum der Gartenseite öffnet sich eine Säulenvorhalle, über der ein großzügiger Balkon mit allegorischen Skulpturengruppen, Symbolen der vier Künste, die stützenden Elemente bekrönt. Der zum Main terrassenförmig abfallende Garten ist in barocker Manier gestaltet. In direkter Nachbarschaft des Komplexes entstand 1777–80 die **Bolongaro'sche Tabakmanufaktur** (Bolongarostraße 113) nach Plänen des Architekten Nepomuk Lauxen: Die spätbarocke Anlage ist in vereinfachter Form der Erscheinung des Palastes angeglichen.

♦ **Ehem. Verwaltungsgebäude der Farbwerke Hoechst** (Brüningstraße 64): 1920 beauftragte der Vorstand der Farbwerke Hoechst den renommierten Architekten Peter Behrens mit der Planung und Realisierung eines Verwaltungsgebäudes, das alle technischen Abteilungen des Werkes unter einem Dach zusammenfassen sollte. Behrens schuf bis 1924 nicht weniger als eine Inkunabel expressionistischer Architektur in Deutschland. Auf einer Länge von über 180 m gliedert sich der Komplex über einem leicht geknickten Grundriss in zwei viergeschossige Bürotrakte, die in einem höheren Mittelbau zusammentreffen. Die in Backstein verblendeten Fassaden der Eisenbetonkonstruktion sind in Farbe, Form und Gliederung gestaffelt. Bei der Gestaltung der Bauteile wurde die Massivität des Komplexes durch helle horizontale Klinkerstreifen aufgelockert. Der höher ragende Mittelbau enthält den dreiteiligen Haupteingang, der anschließende Turm mit den parabelförmigen Schallöffnungen verbindet das Technikgebäude durch eine Brücke mit dem alten Verwaltungsbau (von 1882) gegenüber. Die Bogenform der Brücke greift das Parabelmotiv der Obergeschossfenster auf. Die markanten Elemente Turm und Brücke erwiesen sich als so signifikant, dass sie später als stilisiertes Emblem 1947–97 das weltweit bekannte Firmenlogo der Farbwerke Hoechst darstellten. Der Innenraum des Mittelbaus ist oft als Raumwunder oder »umbautes Licht« bezeichnet worden. In der Tat übt die Kuppelhalle eine besondere Faszination aus, beinahe wie eine Kathedrale. Acht polygonal aufgefächerte Pfeiler gliedern den Raum in drei Schiffe. Sie verengen

Ehem. Verwaltungsgebäude der Farbwerke Hoechst, Eingangshalle

sich über vier Stockwerke stalaktitartig nach oben und tragen drei prismatisch-kristalline Glaskuppeln. Der Eindruck der Raumhöhe von 15 m wird zudem dadurch optisch gesteigert, dass sich die Öffnungen der Geschossumgänge sukzessive verringern. Neben einer raffinierten Lichtführung ist v. a. die farbige Gestaltung der Klinker für die dynamische Raumfassung verantwortlich. Hier kam das Spektrum aus der Produktion der Farbwerke Hoechst zu einer selbstdarstellend anschaulichen Verwendung. Das 2007 denkmalgerecht restaurierte Verwaltungsgebäude kann nur im Rahmen von Führungen besichtigt werden. Ebenfalls von Peter Behrens stammen die Entwürfe für das Gaswerk Ost in der Schielestraße im östlichen Stadtteil Fechenheim.

Die Stadtteile südlich des Mains

Museumsufer

Der **Eiserne Steg** (I F6) ist nach der östlich davon liegenden Alten Brücke die zweite historisch erhaltene Verbindung zwischen der Altstadt und Sachsenhausen. Der mit der Errichtung beauftragte städtische Bauingenieur Peter Schmick entwickelte eine schmiedeeiserne Hängebrücke über zwei steinernen Strompfeilern, die den Fluss in eine mittlere Durchfahrt von ca. 80 m und zwei seitliche Öffnungen von je ca. 40 m unterteilte. Der Bau wurde 1868/69 von der ortsansässigen Firma J. S. Fries Sohn ausgeführt. Nach Ausbau des Osthafens wurde die Durchfahrtshöhe des Eisernen Stegs für die nun verkehrenden größeren Schiffe allerdings zu niedrig. Somit wurde die Brücke 1911/12 unter wesentlicher Beibehaltung des optischen Erscheinungsbildes erhöht in Stahl und Stahlbeton neugebaut. Nach der Sprengung durch die deutsche Wehrmacht zum Ende des Zweiten Weltkriegs wurde sie bereits 1946 wieder-aufgebaut. Mit dem Bau des Main-Donau-Kanals und dem Aufkommen größerer Binnenschiffstypen musste der Eiserne Steg 1969 noch einmal um 40 cm erhöht werden. 1999 schuf der Künstler Hagen Bonifer anlässlich des Goethejahres über dem nördlichen Flusspfeiler eine Inschrifttafel mit einem Zitat aus Homers *Odyssee*, das übersetzt werden kann mit den Worten »Ich fahre über das weinrote Meer zu Menschen anderer Zunge« oder »Segelnd auf weindunklem Meer zu Menschen anderer Sprache«. Durch zahlreiche historische Stadtansichten überliefert und verewigt auf Gemälden u. a. von Max Beckmann und Ernst Ludwig Kirchner, ist der Eiserne Steg eines der Wahrzeichen der Stadt.

Museum für Angewandte Kunst (I F6): 1982–85 wurde

nach Entwürfen des renommierten amerikanischen Architekten Richard Meier ein Neubau für das »Museum für Kunsthandwerk« (seit 2013 »Museum für Angewandte Kunst«) errichtet. Grundlage der Planung war die Einbeziehung der klassizistischen Villa Metzler und des umliegenden Parks in das Gesamtkonzept. Meier entwarf dazu eine annähernd L-förmige Anlage aus drei miteinander verbundenen Baukuben, die den Altbau zur Seite und nach hinten flankieren. So erhielt der Gesamtkomplex einen nahezu quadratischen Grundriss. Die Eigenständigkeit der Villa Metzler blieb jedoch durch einen begrünten Innenhof erhalten. Sie ist mit dem Neubau durch einen verglasten Übergang verbunden. Meier legte seinen Gebäuden die Proportionen der klassizistischen Villa zugrunde. Dies ist besonders gut an der Schaufront zum Schaumainkai zu sehen, wo sich Alt- und Neubau auf gleicher Ebene gegenüberstehen. Wie für Meiers Gebäude exemplarisch, ist auch das Museum durch die strenge Rechtwinkligkeit der Groß- und Kleinformen und die strahlend weiße Farbgebung charakterisiert. Die Fassaden sind mit entsprechend weiß emaillierten Metallpaneelen verkleidet. Die großen Fensterflächen lassen die Räume lichtdurchflutet wirken. Die einzelnen Ebenen sind durch eine Fußgängerrampe verbunden und öffnen abwechslungsreiche Blickachsen nach innen wie nach außen. Bei seinen Entwürfen orientierte sich der Architekt nach eigenen Angaben weniger am Vorbild des Bauhaus als an Wohnhäusern von Le Corbusier. Das Museum gilt als ein Signal für das Weiterleben modernen Bauens in einer stark von der Postmoderne geprägten Zeit.

Der ebenfalls von Richard Meier konzipierte **Museumspark**, seit 2003 Metzlerpark (Schaumainkai 15), führt in seiner Anlage das durch das Modul der Villa gewonnene quadratische Rastersystem in modifizierter Form fort. Ein von luftigen Architekturelementen gerahmter, begehbarer Brunnen bildet den Mittelpunkt eines Wegekreuzes, das den Park axial durchzieht. Ebenfalls auf dem Gelände des Parks befindet sich das 1855 erbaute sog. Schweizerhaus, ein kleines eingeschossiges Fachwerkgebäude, das ursprünglich für Konzerte und Aufführungen eingerichtet war.

Das 1984 eröffnete **DAM (Deutsches Architekturmuseum**; I F7) steht in unmittelbarer Nachbarschaft zum Deutschen Filmmuseum unweit der Untermainbrücke. Für die Einrichtung der Räumlichkeiten wurde eine Doppelhausvilla von 1912 völlig entkernt und darin eine autarke Stahlbetonkonstruktion eingestellt. Dieses »Haus im Haus« wurde vom Kölner Architekten Oswald Mathias Ungers in streng rektangulären Formen errichtet. Der konsequent in Weiß gehaltene Bau soll die Ausstellungsstücke als neutraler Hintergrund unterstützen und kann für sich selbst als postmodernes Exponat gelten. Zum Mainufer hin wurde der Villa ein ebenerdiger und bis auf die Eingangszone oben offener Arkadengang aus rotem Sandstein vorgesetzt, auf dem rückwärtigen Gartengrundstück wurde eine zusätzliche Ausstellungshalle angefügt.

Das **Museum für Kommunikation** (III F7) wurde 1958 als Bundespostmuseum eröffnet. Die Ausstellungsräume befanden sich bis zur Errichtung des Neubaus 1990 in der benachbarten Villa de Neufville, die 1891–93 nach Entwürfen von Franz von Hoven im Stil der Neorenaissance erbaut wurde. Das neue Ausstellungsgebäude wurde nach Plänen des Stuttgarter Architekturbüros Behnisch & Partner (bekannt u. a. durch den Olympiapark in München) erstellt. Weil die Grundstücksfläche klein war und man den parkähnlichen Baumbestand erhalten wollte, wurde ein Großteil der Ausstellungsfläche in ein Untergeschoss verlegt. Das weitgehend mit Aluminium und Glas verkleidete Gebäude mutet durch seine Gestaltung mit der abgerundeten Dachzone und den aufragenden Antennen wie eine Art verfremdetes Schiff an. Optischer

Mittelpunkt des von Transparenz und Offenheit geprägten Inneren ist der schräg in das Gebäude reichende gläserne Kegel, von dessen Lichthof aus die verschieden geschwungenen Geschossebenen sichtbar den Raum umziehen. Auf diesen Ebenen sind die jeweiligen Themenbereiche der Sammlung, aber auch Einrichtungen wie Infoschalter, Shop, Café, Kinderwerkstatt, Forumsraum und Flächen für Wechselausstellungen untergebracht.

◆ **Städel Museum** (III E7): Das Städelsche Kunstinstitut wurde 1874–78 nach Plänen von Oskar Sommer in repräsentativen Formen der Neorenaissance errichtet. Die Gliederung mit Rustikasockel, Doppelsäulen im Obergeschoss sowie zentraler Kuppel erinnert an die gleichzeitig und vom selben Architekten erbaute Börse. Eine rückwärtige Erweiterung erfuhr das Museum mit dem 1920/21 fertiggestellten, von Hermann von Hoven und Franz Heberer parallel zum Haupthaus konzipierten Gartenflügel. Nach kriegsbedingter Teilzerstörung wurden die Seitentrakte des Hauptbaus in streng reduzierter Form 1960–63 nach Entwürfen von Johannes Krahn ausgeführt. Eine verzierte Doppeltreppe im Foyer führt in die oberen Geschosse mit der Sammlung Alter Meister (1300–1800) sowie der Kunst der Moderne (1800–1945). 1988–91 entwarf der Wiener Architekt Gustav Peichl entlang der Holbeinstraße den längsrechteckigen Erweiterungsbau, der sich an die Westseite des Gartenflügels anschließt. Die weitgehend geschlossenen und nur durch gelegentliche Fensterreihen aufgebrochenen Fassaden sind mit glattweißem Marmor verkleidet. Die schlicht gehaltenen Ausstellungsräume sind von einer zentralen säulengestützten Halle mit abschließender Lichtkuppel aus zugänglich. 1999 wurde zwischen dem Altbau und der Peichl-Erweiterung an der Holbeinstraße ein Restaurant mit separatem Eingang eingebunden. Die Entwürfe hatte das Architekturbüro Jourdan & Müller PAS Architekten (Frankfurt) gelie-

Max Beckmann: *Eisgang*, 1923

fert. Die bislang letzte Vergrößerung der Ausstellungsfläche wurde 2012 eingeweiht. Das Frankfurter Architekturbüro schneider + schumacher konzipierte hierfür unter dem Museumsgarten einen knapp 4100 qm großen Komplex, der neben der neuen Ausstellungshalle auch Depots und Funktionsräume enthält. Nach außen ist der Bau nur an 195 kreisrunden begehbaren Oberlichtern und einer kuppelartigen Erhöhung in der Mitte der Rasenfläche erkennbar. Die Deckenkonstruktion ruht auf zwölf Innenstützen und den Außenwänden. Im Inneren ist eine freie Konstellation von weißen Wandflächen so angeordnet, dass sie als Räume im Raum wirken. Die Deckenfenster sind durch integrierte LEDs und Sonnenschutzvorrichtungen variabel beleuchtbar und verleihen der Halle somit einen futuristischen Charakter. In dem neuen Museumsbereich ist die Sammlung zeitgenössischer Kunst untergebracht. Der Zugang erfolgt über das Foyer des Haupthauses.

Das **Liebieghaus** (I E7) ist eine idyllisch in einer kleinen Parkanlage situierte repräsentative Villa am Mainufer in Sachsenhausen. Sie wurde 1892–96 für den Industriellen Heinrich von Liebieg nach Plänen des Münchner Architekten Leonhard Romeis in historistischen Formen verklärender Burgen- und Schlossromantik errichtet. 1907 erwarb die Stadt das Anwesen und plante dort ein Skulpturenmuseum; 1909 errichtete der Architekt Paul Kanold einen neobarocken Erweiterungsbau mit Jugendstilelementen. Knapp 100 Jahre später wurde die Anlage durch das Berliner Architekturbüro Kuehn Malvezzi umgebaut und anlässlich des Jubiläums im Oktober 2009 wiedereröffnet.

Der **Holbeinsteg** (I E7) wurde 1990 als Hängebrücke für Fußgänger und Radfahrer errichtet. Entwickelt wurde die filigrane Stahlkonstruktion vom Frankfurter Architekten und Stadtplaner Albert Speer Jr. Sie verbindet das Museum Städel und damit den westlichen Teil der Kulturmeile Museumsufer auf Höhe der Holbeinstraße mit dem Bahnhofsviertel. Beim Überqueren spürt man ein sanftes Schwingen und genießt einen eindrucksvollen Blick auf die Skyline, den Altstadtbereich und das Sachsenhäuser Ufer.

Das übrige Sachsenhausen

Die evangelische **Dreikönigskirche** (I G6) wurde anstelle eines kleineren gotischen Vorgängerbaus in den Jahren 1875–80 nach Plänen Franz Josef Denzingers in neugotischen Formen errichtet. Derselbe Architekt, der mit dem Wiederaufbau des durch Brand beschädigten Doms beauftragt worden war, schuf hier eine repräsentative Hallenkirche mit durch die städtebaulich prominente Lage am Main deutlichem optischen Bezug zur katholischen Hauptkirche der Stadt. Der von abgetreppten Strebepfeilern gestützte Bau hat breite dreijochige Seitenschiffe mit Spitzgiebeln und einen fünfseitigen Chor. Der schlanke Westturm war mit etwa 80 m seinerzeit das zweithöchste Gebäude der Stadt. Die Fassaden sind durch den Kontrast der verputzten Wandflächen zu den Gliederungselementen aus rotem Mainsandstein gekennzeichnet. Im Inneren umgeben kräftige dreiseitige Emporen mit maßwerkverzierten Brüstungen die vorderen Joche des Schiffes. Die Decken sind als Netzgewölbe ausgebildet. Im Zweiten Weltkrieg weitgehend verschont, erhielt die Kirche 1956 Farbglasfenster von Charles Grodel. Sie zeigen u. a. im Chor die zentralen Themen des lutherischen Katechismus: die *Zehn Gebote*, das *Glaubensbekenntnis*, das *Vaterunser*, die *Taufe* und das *Abendmahl*.

Fachwerkhaus Schellgasse 8 (I G6): Schräg gegenüber der Deutschordenskirche befindet sich Frankfurts ältestes Fachwerkhaus. Der schlichte zweigeschossige Ständerbau mit Satteldach wurde dendrochronologisch auf das Jahr 1291/92 datiert. Ursprünglich wurde er vermutlich als Wirtschaftsgebäude, später als Wohnhaus genutzt. Eine zweite Gebäudehälfte wurde in den 1920er Jahren abgerissen.

Deutschordenskirche St. Maria und Deutschordenshaus (I G6): Die beiden Gebäude bilden einen zusammenhängenden Komplex am Ende der Alten Brücke in Sachsenhausen. Die ursprünglich weitläufigere Anlage mit ihrer wechselvollen Geschichte wurde 1943 durch Luftangriffe bis auf die Außenmauern zerstört und erst 1963–65 in teils veränderter Form wiederaufgebaut. Mit Beginn des 14. Jh.s wurde die **Kirche** der Kommende als gotischer Saalbau neu errichtet und der Heiligen Maria geweiht. An ein Schiff von vier Jochen schließt der dreijochige Chor mit polygonalem Schluss ohne trennenden Chorbogen an. Die Strebepfeiler sind dabei im Schiff innen und am Chor außen angeordnet. Die Decke wird durch ein Kreuzrippengewölbe gebildet. An den Chorwänden zeigt ein bemerkenswerter Gemäldefries aus der Zeit um 1520 an der Nordseite die *Legende der hl. Elisabeth* und gegenüber die Heiligen *Georg, Vitus, Achatius* und *Laurentius*. Die in einer Nische am nördlichen Langhaus befindlichen zwölf Bilder aus dem Leben Jesu stammen aus der Mitte des 14. Jh.s. Südlich des Chores wurde die ehem. Sakristei gegen Ende des 14. Jh.s durch einen polygonalen Chorschluss zur Kapelle erweitert. Aus dieser Zeit stammen auch die dortigen Wandmalereien, die u. a. eine *Kreuzigungsgruppe* und eine *Muttergottes* mit Heiligen und Stiftern darstellen. Die Gewölbemalereien mit Marienszenen und dem *Hl. Christophorus* wurden um 1600 von Jobst Harrisch geschaffen. Auf der Südseite des Schiffes wurde 1517 eine zweijochige Marienkapelle mit Maßwerkfenstern und Sterngewölbe angebaut. Im Zuge des barocken Umbaus der Gesamtanlage erhielt die Kirche 1747–51 durch Ferdinand Kirchmeyer eine schräg vorgesetzte dreiachsige Portalzone mit Lisenen, leicht auskragendem Mitterisalit und Volutengiebel. Der Turmaufsatz mit Zwiebelhaube und Laterne wurde nach 1960 erneuert. Die Ausstattung des Kircheninneren rührt weitgehend aus einer Erneuerungsphase der 1880er Jahre. In dieser Zeit wurden neben baulichen Maßnahmen an diversen Architekturgliedern auch der Hochaltar, drei Nebenaltäre sowie der Altar in der Marienkapelle in die Kirche gebracht. Sie stammen aus der Sammlung des Stadtpfarrers Münzenberger und sind weitgehend Zusammenfügungen spät- und neugotischer Teile. Des Weiteren beherbergt die Kirche u. a. zwei Muttergottesstatuen (um 1300 und Mitte 15. Jh.), ein großes Holzkruzifix vom Ende des 17. Jh.s sowie Grabsteine aus dem 16. und 17. Jh. In den Jahren 1709–25 wurden die alten **Ordens-**

gebäude unter Leitung des Frankfurter Baumeisters Daniel Kayser unter Verwendung gotischer Reste durch repräsentative barocke Neubauten ersetzt. Der seit 1710 als Gutachter fungierende erzbischöfliche Architekt Maximilian von Welsch lieferte den Entwurf für das aufwendige Westportal mit seinem säulenflankierten Bogentor und dem geschwungenen, von Vasen und Ordensritterfiguren gerahmten Balkon darüber, wie es 1714/15 durch Erich Neuberger ausgeführt wurde. Seit 1990 befindet sich im Deutschordenshaus das Frankfurter Ikonenmuseum. Dafür wurden die Räume des ehem. Refektoriums von Oswald Mathias Ungers in bewusst zurückhaltender Weise umgebaut.

Der **Kuhhirtenturm** (I G6) ist neben dem Eschenheimer Turm (s. S. 79) und dem Rententurm (s. S. 49) der letzte erhaltene Wehrturm der zweiten Frankfurter Stadtmauer, die nach 1333 infolge der durch Kaiser Ludwig IV. sanktionierten Stadterweiterung entstand. Mit seinem Bau wurde Ende des 14. Jh.s begonnen, nach einer Unterbrechung von knapp 100 Jahren wurde er um 1490 vollendet. Der Steinbau über nahezu quadratischem Grundriss zeigt über drei Stockwerke verputzte Wände mit versetzter Eckquaderung. Die Türmerstube aus Fachwerk darüber und das aufgesetzte Walmdach sind verschindelt.

Das 88 m hohe **Main Plaza** (I H6) ist als Brückenkopf eine der wenigen Landmarken auf der Sachsenhäuser Seite. Es bildet zusammen mit dem benachbarten Colosseo das Entree zum Deutschherrenviertel, das seit den 1990er Jahren auf dem alten Schlachthofgelände als Wohnquartier errichtet wurde. Der von Kollhoff und Timmermann Architekten 1998–2001 konzipierte Turm erhebt sich über einem oktogonalen Grundriss, rückt im Hauptschaft sternförmig ein, um im oberen Bereich mehrfach zugunsten einer asymmetrischen Staffelung zurückzuspringen. Das in Stahlbeton erstellte Bauwerk schließt in seiner Gesamterscheinung, mit seiner Lochfassade mit der Klinkerverkleidung und den vergoldeten Spitzen an amerikanische Gebäude des Art déco der 1920er Jahre an, wie das New Yorker American Standard Building (1924, von Raymond Hood und John Howells). Zugleich finden sich auch Anklänge an die Architektur des deutschen Expressionismus. Ursprünglich als exklusives Wohnhochhaus errichtet, beherbergt das Main Plaza seit 2005 ein Hotel.

Das Wohnhochhaus **Henninger-Turm** (III G8) ist 140 m hoch und wurde 2014–18 nach Plänen von Meixner Schlüter Wendt Architekten errichtet. Die Fassaden des rechteckigen Turmschaftes werden durch helle horizontal auskragende Bodenplatten akzentuiert, die jeweils zwei Geschossebenen tragen. Die weitgehend vollverglasten Stockwerke dazwischen sind durch dunkle Balkonbänder gekennzeichnet und durch Vor- und Rücksprünge aufgelockert. Außerhalb der Mittelachse trägt ein geschlossener Betonhals einen sechsgeschossigen zylindrischen Aufbau, der oben ein Restaurant und eine Aussichtsplattform beherbergt. Um das Turmgelände herum entstanden weitere Wohngebäude und diverse Einrichtungen der Infrastruktur. Der für die Silhouette Sachsenhausens markante Neubau für Luxuswohnungen ersetzt in seiner optischen Erscheinung ein ursprüngliches Wahrzeichen der Stadt: Der Henninger-Turm war ein schlank aufragendes, 120 m hohes, weiß gefasstes Getreidesilo der Henninger-Brauerei und enthielt in einem Aufbau, der an ein Bierfass erinnerte, ebenfalls ein Drehrestaurant und eine Aussichtsplattform. 1959–61 nach Entwürfen von Karl Emil Lieser erbaut, blieb dieser kultige Monolith bis 1974 das höchste Gebäude der Stadt. Aus Gründen des Brandschutzes seit 2002 geschlossen, wurde er 2013 abgerissen.

Die katholische Kirche **St. Wendel** (Altes Schützengäßchen 2–6; s. Übersichtskarte) entstand nördlich der Umfassungsmauer des Südfriedhofs und eingebettet in ein Wohngebiet 1956/57 nach Plänen des Architekten Johannes Krahn. Der nahezu vollständig mit Bruchsteinen verkleidete Stahlbetonbau der Kirche wirkt durch seine großen ungestalteten Wandflächen nach außen geschlossen. Im Gegensatz dazu stellt sich im Inneren ein beeindruckendes Raumgefühl ein. Durch die fortlaufenden Fensterbänder im Boden- und Deckenbereich scheinen die wuchtigen Wandteile auf ihren schmalen Betonstützen bei Tageslicht ebenso zu schweben wie das innen flach gestaltete Dach.

Der Haupteingang des benachbarten **Südfriedhofs** (Darmstädter Landstraße 229; s. Übersichtskarte) wird dominiert durch einen zentralen Kuppelbau mit Säulenvorhalle und Dreiecksgiebel über einer geschlossenen Frontseite. Im Mischstil zwischen Spätklassizismus und Neorenaissance von Jacob Lieblein konzipiert, wurde die Anlage 1868 eröffnet. Die Trauerhalle nach Art des Florentiner Barocks wurde von Stadtdirektor Koch geplant, konnte mit ihrer Inneneinrichtung von Christian Leopold Bode aber erst 1886 realisiert werden.

Die **Wohnanlage Sonnenring** (Mailänder Straße 3–23; s. Übersichtskarte) gegenüber dem Hauptportal des Südfriedhofs ist Teil eines weitläufigen Gebäudekomplexes, der 1968–77 nach Plänen des Architekten Günther Balser errichtet wurde. Der bemerkenswerte Komplex im Stil des Brutalismus umfasst neben den zwei bogenförmig verlaufenden Hochhausscheiben des Sonnenrings auch das benachbarte Hotel.

Sachsenhäuser Warte (Darmstädter Landstraße 279; s. Übersichtskarte): Gegen Ende des 14. Jh.s hatte der Rat der Stadt beschlossen, einen vorgelagerten Verteidigungsring zu errichten. Im Laufe des 15. Jh.s wurde er angelegt. Die Sachsenhäuser Warte von 1470/71 ist neben der Galluswarte (1414; s. S. 88), der Bockenheimer Warte (1434/35; s. S. 97) und der Friedberger Warte (1478) einer der vier noch erhaltenen einstigen Warttürme der Frankfurter Landwehr. Die Türme weisen trotz der längeren Zeitspanne in ihrer Entstehung eine große bauliche Ähnlichkeit auf: Sie flankieren einen befestigten Hof und gründen auf einem massiven Sockel (in Sachsenhausen polygonal ausgebildet). Darüber erhebt sich der zylindrische Turmschaft mit Schießscharten, der im Bereich der Turmstube etwas auskragt und von einem Rundbogenfries unterfangen wird. Darüber sitzt ein polygonales verschiefertes Fachwerkgeschoss, das mit einem Pyramidendach abschließt.

Die katholische Kirche **St. Bonifatius** (III F8) wurde 1926/27 nach Plänen des Architekten Martin Weber als erste moderne katholische Kirche Frankfurts errichtet. Der in expressionistischen Formen gestaltete Bau war seinerzeit nicht unumstritten, denn die Konstruktionsweise in Eisenbeton und der Fassadenverkleidung durch gebrannte Klinker erzeugte Assoziationen zum Industriebau. Die Eingangszone im Osten wird durch eine geschickte Höhen- und Tiefenstaffelung gegliedert. Über dem Haupteingang befindet sich eine Skulptur des jugendlichen *Bonifatius*, eine Arbeit des Bildhauers Arnold Hensler. Die nach Süden winklig anschließenden Pfarr- und Gemeindebauten sind durch spitzbogige Arkaden mit der Kirche verbunden. Auch im Innenraum, der sich über einem längsrechteckigen Grundriss erhebt, wurde bewusst eine Höhenstaffelung angelegt. Vorraum und Orgelempore liegen im Halbdunkel, darunter öffnet sich der Hauptraum mit seiner indirekt von der Seite beleuchteten Spitzbogentonne, und im Chorraum mit der hier größten Lichtfülle ist zugleich mit dem liturgischen auch der optische Höhepunkt erreicht. Die ursprüngliche Farbigkeit mit einem himmelblau gefassten Schiff und dem blutrot gehaltenen Opferaltar in dem hellgelben Chorraum wurde 1987 rekonstruiert. 2005 wurde St. Bonifatius zusätzlich als Jugendkirche JONA eingerichtet. Schiff und Chor lassen sich dafür durch eine segelartige Abtrennung trennen und separat nutzen. Die entsprechende Ausstattung mit Altar, Ambo und Sedilien stammt vom Bildhauer Hans Rams.

Die **Heimatsiedlung** (Stresemannallee, Mörfelder Landstraße, Heimatring und Verbindungsstraßen, s. Übersichtskarte) entstand in den Jahren 1927–34 im Rahmen des architektur- und sozialgeschichtlich bedeutenden Wohnbauprogramms des Neuen Frankfurt (Genaueres dazu s. S. 16).

Niederrad und Schwanheim

Die **Siedlung Bruchfeldstraße** (Bruchfeldstraße, Melibocusstraße, Breubergstraße, Haardtwaldplatz, Donnersbergstraße, s. Übersichtskarte) entstand in den Jahren 1926–28 im Rahmen des Wohnbauprogramms des Neuen Frankfurt (Genaueres dazu s. S. 16).

Die beiden kelchartigen Türme der ehem. **Olivetti-Zentrale** ◆ (Lyoner Straße 34; s. Übersichtskarte) in Niederrad zählen zu den markantesten Beispielen moderner Architektur in Frankfurt. Die Gebäude der italienischen Firmenniederlassung wurden 1968–72 nach Entwürfen des bekannten Architekten Egon Eiermann errichtet. Eiermann konzipierte für das Unternehmen keinen kompakten Großbau, sondern einen vierteiligen Komplex mit funktionsbedingt unterschiedlichen Gebäudeformen. Zwei diagonal zueinander angeordnete, von Stahlbetonkernen getragene Punkthäuser aus Glas und Stahl werden von zwei flachgedeckten Hallenbauten mit eingestellten Etagen flankiert. Die Betonkerne der Türme enthalten die jeweilige Gebäudetechnik und Erschließung. Außen sind seitlich freistehende Nottreppenhäuser durch stegartige Übergänge angebunden. Um die Außenwände der Hochbauten ist eine zweite Schicht aus leichtem Gitterwerk gelegt, die aus schlanken Metallstangen, geschossweisen Umgängen und hellen Sonnen-

Die Olivetti-Türme

segeln gebildet wird. Durch dieses für seine Bauten typische mehrschichtig filigrane System gelang es Eiermann, die Massivität der Baublöcke aufzulockern. Die Reduzierung auf den Betonkern in den unteren Geschossen der Hochbauten erfüllte nicht nur die Bestimmungen der örtlichen Bauordnung (bei einer Vollausbildung des Turmvolumens wären diese zu nahe an die Straße gerückt). Durch die optische Umkehrung der Lasten bei den Türmen konnte der Gesamterscheinung des Vorhabens eine elegante Leichtigkeit und unverwechselbare Individualität verliehen werden. Ebenfalls von Egon Eiermann stammen die Entwürfe für das elegante Gebäude des ehem. Versandhauses Neckermann im östlichen Stadtteil Fechenheim.

Siedlung Goldstein (Straßburger Straße; s. Übersichtskarte): 1994–96 wurden in der Straßburger Straße in Goldstein 162 Sozialwohnungen nach Plänen des internationalen Stararchitekten Frank O. Gehry errichtet. Die Gebäudekomplexe gruppieren sich um zwei unterschiedlich konzipierte Innenhöfe. Der Landschaftsarchitekt Laurie Olin konzipierte die Gestaltung der Außenanlagen. Die Häuser selbst sind teilweise mit Zinkblech verkleidet. Besonders ins Auge fallen die trapezförmigen, wie Bausteine übereinander gestapelten Balkone und die haubenartig überwölbten Eingänge. Im Siedlungsumfeld erscheinen die futuristisch anmutenden Gebäude wie aus Raum und Zeit gefallen – Gehrys extravagante Häusergruppen wurden häufig mit Ufos verglichen. Sie bilden in sich eine schlüssige Einheit, kommunizieren aber wenig mit ihrer Umgebung.

Die Siedlung Goldstein

Darmstadt, Wiesbaden und weitere ausgewählte Ziele im Rhein-Main-Gebiet

Darmstadt (s. Übersichtskarte)

◆ Die **Mathildenhöhe** ist die geologisch höchste Erhebung in der Darmstädter Innenstadt und gleichzeitig das Synonym für ein einzigartiges Jugendstilensemble, das durch die 1899 von Großherzog Ernst Ludwig von Hessen-Darmstadt ins Leben gerufene Künstlerkolonie weitreichende Bedeutung erlangte. Bereits 1833 wurde für den großherzoglichen Hof ein englischer Landschaftspark angelegt; von dessen Umgestaltung ab 1900 hat sich nur der Platanenhain erhalten.

Auch die **russisch-othodoxe Kapelle St. Maria Magdalena** (Nikolaiweg 18) bestand damals schon (1897–99 errichtet). Sie war von Leonti Nikolajewitsch Benois im Jaroslawer Stil des 16. Jh.s entworfen und vom Zarenpaar Nikolaus II. und Alexandra (geb. Alix von Hessen-Darmstadt) als Privatkapelle in Auftrag gegeben worden. Die Säulenvorhalle, das quadratische Schiff und die Chorapsis sind durch Pilaster, Friese und Gesimse gegliedert sowie durch vergoldete Zierbänder an den Traufen geschmückt. Auch die drei Turmhauben sind vergoldet. Den Außenbau zieren Mosaiken mit Heiligendarstellungen nach Entwürfen von Wiktor Michailowitsch Wasnezow. Die bis 1903 fertiggestellte Wandgestaltung im Inneren stammt ebenfalls von Wasnezow und wird besonders betont durch das Apsismosaik mit der Darstellung der *Gottesmutter*.

Im Zuge der Kunstaustellungen 1901, 1904, 1908 und 1912 entwickelte die **Künstlerkolonie** ein bedeutendes Bau- und Skulpturenprogramm, das in großen Teilen bis heute existiert und eine ungebrochene Faszination ausübt. Die grundlegende Idee Ernst Ludwigs bestand darin, im Zusammenwirken aller

Die Mathildenhöhe: links der Hochzeitsturm, rechts St. Maria Magdalena (davor: das Lilienbecken)

freien und angewandten Künste wie Architektur, Malerei, Bildhauerei und Gestaltung das Alltagsleben – Wohnen, Arbeiten u. a. – durch die Schaffung qualitätvoller, seriell herstellbarer Gebrauchsgegenstände umfassend zu reformieren. In diesem Credo liegen auch die Wurzeln späterer Bestrebungen des Deutschen Werkbundes und des Bauhaus. Zur Umsetzung dieser Vorstellungen wurde die Gesamtplanung dem jungen Wiener Architekten Josef Maria Olbrich übertragen. Des Weiteren wurden die Künstler Peter Behrens, Patriz Huber, Hans Christiansen, Paul Bürck, Rudolf Bosselt und Ludwig Habich berufen. Von der ersten Ausstellung 1901 unter dem Motto *Ein Dokument Deutscher Kunst* haben sich v. a. das Ernst-Ludwig-Haus und einige Künstlervillen erhalten.

Das **Ernst-Ludwig-Haus** (Olbrichweg 13a) wurde als zentrales Ateliergebäude der Kolonie nach Plänen von Olbrich errichtet. Das langgestreckte weiß gefasste Gebäude wird durch ein mächtiges Rundbogenportal betont. Seitlich flankieren zwei kolossale Statuen von Ludwig Habich (*Mann/Kraft* und *Frau/Anmut* symbolisierend) eine große Freitreppe. Über dem durch goldfarbene Mosaiken gerahmten Portal sitzen zwei Genien von Rudolf Bosselt. Im Haus waren neben Ateliers auch Künstlerwohnungen, Wirtschaftsräume und ein Fest- bzw. Versammlungssaal eingerichtet. Es ist heute Sitz des Museums Künstlerkolonie Darmstadt.

Haus Deiters (Mathildenhöhenweg 2) wurde von Olbrich entworfen und für Wilhelm Deiters, den Geschäftsführer der Kolonie, errichtet. Das kleine verschachtelte Gebäude ist durch einen turmartigen Aufbau und die parabelförmige Eingangssituation akzentuiert. Nach einer originalgetreuen Rekonstruktion wird es seit 1996 vom Deutschen Polen-Institut genutzt.

Das **Kleine Haus Glückert** (Alexandraweg 25) wurde von Olbrich ursprünglich für Rudolf Bossert entworfen, aber bald vom Möbelfabrikanten Julius Glückert als Wohnhaus übernommen. Auffällig an dem Gebäude sind v. a. die über einer vorkragenden Dachzone ausgebildeten Halbrundgiebel.

Auch das **Große Haus Glückert** (Alexandraweg 23) entstand nach Plänen Olbrichs; es diente dem Fabrikanten als Muster- und Ausstellungsgebäude für seine Einrichtungsgegenstände. Der Baukörper besteht aus zwei sich durchkreuzenden Achsen und ist mit drei geschweiften Giebeln versehen. Der Zugang erfolgt über eine hufeisenförmige Portalzone. In dem restaurierten Gebäude befindet sich inzwischen die Deutsche Akademie für Sprache und Dichtung.

Das **Haus Behrens** (Alexandraweg 17) entstand nach einem Entwurf des Künstlers selbst. Der zugrunde liegende nahezu quadratische Kubus wirkt nach außen durch vortretende Erker, Balkone und Risalite aufgelockert. Die hell verputzten Fassaden sind mittels rotbrauner Eisenklinker und grün glasierter Blendziegel gegliedert. Im Zweiten Weltkrieg stark zerstört, wurde der Außenbau weitgehend detailgetreu rekonstruiert.

Während die zweite Ausstellung der Kolonie 1904 hauptsächlich provisorische Bauten präsentierte, lieferte die *Hessische Landesausstellung für freie und angewandte Kunst* 1908 einen bedeutenden Beitrag zum heutigen Erscheinungsbild der Gesamtanlage. Optischer Höhepunkt sind zweifellos der Hochzeitsturm und die benachbarte Ausstellungshalle, die beide nach Entwürfen von Olbrich realisiert und 1908 eröffnet wurden. Der **Hochzeitsturm** (Olbrichweg 13) wurde in Erinnerung an die Heirat des Großherzogs Ernst Ludwig mit Eleonore zu Solms-Hohensolms im Jahr 1905 von der Stadt Darmstadt gestiftet. Wegen seines an eine Hand erinnernden, gestaffelt rundbogigen Dachabschlusses wird er auch »Fünffingerturm« genannt. Das 48,5 m hochragende Gebäude ist mit rotbraunen Klinkern verblendet. Die Fassadengestaltung und der skulpturale Charakter des Baus weisen auf die Architektur des Expressionismus voraus, während die in zwei Geschossen über Eck reichenden Fensterbänder Elemente des Neuen Bauens vorwegnehmen. Die Sonnenuhr auf der Südseite wurde 1914 nach Entwürfen von Friedrich Wilhelm Kleukens gefertigt. Die in Blattgold gefasste Uhr auf der Nordseite nach Entwürfen von Albin Müller (alias Albinmüller) stammt ebenfalls aus dem Jahr 1914. Über dem Eingang zeigt ein Sandsteinrelief von Heinrich Jobst die landgräflichen Familienwappen mit den allegorischen Verkörperungen der vier Herrschertugenden *Stärke*, *Weisheit*, *Gerechtigkeit* und *Milde*. Die Mosaikdarstellungen von *Liebe* und *Glück* in der Eingangshalle entstanden zur vierten Kunstausstellung 1914 nach Entwürfen von Friedrich Wilhelm Kleukens. In den ehem. Zimmern des Großherzogs und seiner Gattin im vierten bzw. fünften Stock haben sich einige bauzeitliche Fresken erhalten. Auf der siebten Etage befindet sich eine Aussichtsplattform mit großartigem Rundblick.

Die **Ausstellungshalle** (Sabaisplatz 1), über einem älteren gewölbten Wasserhochbehälter der Stadt errichtet, zeigt einen flachen, zwischen zwei unterschiedlich hohe Pavillonbauten eingespannten Trakt. Der Zugang erfolgt an der Südseite über eine zweiläufige Treppenanlage, die von einem offenen Baldachin überspannt wird. In der Kuppel ist dort ein Mosaik mit der Darstellung des *Hessischen Löwen* angebracht, umgeben von Tier- und Pflanzenmotiven. Die Portalzone im Eingangspavillon wird von zwei wuchtigen Rechteckvorbauten flankiert. Der so akzentuierte Bereich bildet einen optischen Ausgleich zum aufragenden Hochzeitsturm.

Von der vierten Kunstausstellung unter der Leitung von Albin Müller 1914 haben sich v. a. die Elemente der Gartengestaltung erhalten. Nach Müllers Entwürfen entstanden sowohl das reizvolle **Lilienbecken** unterhalb der russischen Kapelle als auch der **Schwanentempel**. Letzterer präsentiert sich als Monopteros, dessen Doppelsäulen mit dunklen ornamentierten Keramikplatten verkleidet sind. Die Kapitellzone zeigt weiße Marmorreliefs mit Schwänen, über deren Schnäbel die Dachrinne entwässert wird. Unterhalb der dekorativ bemalten Kuppel liegt ein Mosaikfußboden.

Ausgehend vom Komplex der Ausstellungshalle und des Hochzeitsturms erstreckt sich nach Westen der **Platanenhain**, der mit über 40 Bildhauerarbeiten zum Thema Kreislauf des Lebens von Bernhard Hoetger ausgestattet ist. Die Figurengruppe *Sterbende Mutter mit Kind* (die Variation einer Grabplastik für Paula Modersohn-Becker in Worpswede) am Westende des Plateaus ist von vier allegorischen Relieftafeln begleitet, die *Frühling*, *Sommer*, *Schlaf* und *Auferstehung* symbolisieren und mit Inschriften aus der indischen Mystik versehen sind. Des Weiteren finden sich sieben Krugträgerinnen in seitlichen Nischen, eine Brunnengruppe mit drei Frauenfiguren und Pflanzkübel, getragen von Löwen und Schakalen. Die Skulptur eines *Silberlöwen*, der symbolisch den Tag trägt, wird ergänzt durch einen die Nacht tragenden *Leoparden*. Als zusätzliche Arbeiten Hoetgers sind die besonders expressiv gestalteten Allegorien von *Geiz*, *Hass*, *Rache* und *Wut* nahe der Ausstellungshalle sowie die Darstellung des christlichen Motivs *Ruhe auf der Flucht* am Lilienbecken zu erwähnen.

Das ehem. **Residenzschloss** der Großherzöge von Hessen-Darmstadt (Marktplatz 15), auch Stadtschloss genannt, präsentiert sich heute als heterogene Anlage mit Bauteilen aus dem 16. bis 19. Jh. Die Anfänge reichen allerdings bis ins frühe 13. Jh. zurück, als die Grafen von Katzenelnbogen einen befestigten Herrensitz zu einer Wasserburg ausbauten. Sukzessive Erweiterungen bzw. Renovierungen folgten zu Beginn des 16. Jh.s durch Meister Balthasar (Herrenbau und Weißer Saalbau, 1512) sowie, nach schweren Schäden im Schmalkaldischen Krieg 1546, durch Steinmetz Moritz Lechner. Nach der Erhebung Darmstadts zur Residenz durch Georg I. 1567 wurde der Komplex bis 1597 durch Christoph Müller, Jakob Wustmann und Jakob Kesselhuth zum Schloss ausgebaut. In diesem Zusammenhang wurden die Wallmauern mit Bastionen verstärkt und der Wassergraben vertieft. Zwischen 1627 und 1678 folgten unter den Landgrafen Georg II. und Ludwig VI. mit dem Glockenbau und dem Prinz-Christians-Bau bedeutende Erweiterungen der Anlage. Nach einem verheerenden Brand 1715 dachte Landgraf Ernst Ludwig an eine barocke Neukonzeption und beauftragte damit den Architekten Louis Remy de la Fosse. Von der geplanten Vierflügelanlage des Neuschlosses konnten bis 1726 allerdings nur der West- und Südflügel im Rohbau fertiggestellt werden. Erst zu Beginn des 19. Jh.s erfolgte der Ausbau der beiden bestehenden Trakte. Unter Großherzog Ludwig I. wurde das Neuschloss in dieser Zeit bis auf wenige

Räume für museale Zwecke eingerichtet (Bibliothek und Naturalienkabinett). Großherzog Ernst Ludwig unternahm gegen Ende des Jahrhunderts wieder größere Veränderungen am Altschloss, u. a. durch den Anbau des Teepavillons am Herrenbau 1893. Nach dem Ersten Weltkrieg fiel der gesamte Komplex an das Land Hessen. 1924 wurde das Schlossmuseum im Altschloss eingerichtet. 1944 brannte das Residenzschloss komplett aus. Schon 1946 wurde mit dem Wiederaufbau begonnen, der sich aber bis in die 1970er Jahre hinzog und eine originalgetreue Renovierung der Außenmauern bei gleichzeitiger moderner Inneneinrichtung umfasste. Die neuerliche Instandsetzung der Gesamtanlage erfolgt seit 2008 und soll 2020 abgeschlossen sein. Das Schloss ist u. a. Sitz der Technischen Universität Darmstadt.

Heute präsentiert sich die Anlage v. a. durch die Hauptfassade des Südflügels zum Marktplatz hin und zeigt eine klare Gliederung der fünfteiligen Schauseite durch zwei Eckpavillons und einen in Material und Gestaltung betonten Mittelpavillon zu je vier Geschossen mit Mansarddach. Die dazwischengespannten Trakte sind dreigeschossig und tragen flache Walmdächer. In der Tordurchfahrt stehen die Statuen der Landgrafen *Georg I.* und *Philipp der Großmütige*, die 1845 durch Johann Baptist Scholl d. J. gefertigt wurden. Danach öffnet sich der teilweise von Kolonnaden gesäumte Glockenhof. Rechterhand erhebt sich im Osten der nach Plänen von Johann Wilhelm Pfannmüller 1664–71 errichtete viergeschossige Glockenbau mit seinem mittigen Treppenturm und dem volutengeschmückten Giebel. Auf der gegenüberliegenden Hofseite ist der dreigeschossige Prinz-Christians-Bau von 1678 platziert, dessen reich gestaltete Durchfahrt in den Parforcehof führt. Nach Norden erstreckt sich der Gebäudekomplex des Altschlosses mit dem traufenständigen Kaisersaalbau und der Schmalseite des Kirchenbaus mit Renaissancegiebel (beide

1595–97). Über eine säulengeschmückte Durchfahrt im Kaisersaalbau erreicht man den Kirchenhof. Dort liegen auf der Westseite mit dem weißen Saalbau und dem Herrenbau die frühesten Bestandteile des Altschlosses, die allerdings über die Jahrhunderte mehrfach verändert wurden. Der den Hof auf der Ostseite flankierende Kirchenbau wurde später profaniert. Das Portal entstand 1717 nach Plänen von Remy de la Fosse. Auf der gesamten Nordseite des Schlosses befinden sich die Wallanlagen mit drei Bastionen, dem Teepavillon und dem 1627 nach Entwurf von Jakob Müller erstellten Brückenhaus, durch das der Weg früher in den Schlossgarten (heute Herrngarten) führte. Heute weist der Übergang zum Hoftheater.

Wiesbaden (s. Übersichtskarte)

Der **Kurbezirk** (Wilhelmstraße) umfasst nicht nur die historisch gewachsene Gebäudegruppe an der Wilhelmstraße, sondern erstreckt sich auch auf die dazugehörige Grünanlage »Warmer Damm« und den Kurpark. Den Ursprung der heutigen Bebauung bildeten das 1808–10 nach Plänen von Christian Zais errichtete und bis 1904 bestehende klassizistische alte Kurhaus mit dem davor liegenden **Bowling Green** mit den seitlichen Alleen. Die Grünanlage erfuhr bis heute mehrere Veränderungen und präsentiert sich jetzt als schlichte Rasenfläche mit zwei 1856 von Theodor Goetz gestalteten Brunnen. Nördlich des Bowling Green erstreckt sich die über 120 m lange **Brunnenkolonnade** (ehemals Kurhauskolonnade) mit Eckpavillons. Sie wurde 1826/27 nach Entwürfen von Heinrich Jakob Zengerle errichtet und diente als überdachter Zugang zum Kurhaus mit edlen Läden für das Kurpublikum. 1937 erhielt die Kolonnade einen rückwärtigen Anbau mit einem Trinkbrunnen nach Plänen von Bruno Paul und verdankt dieser Maßnahme ihre Namensänderung. Die ursprünglich offene Säulenhalle wurde nach der Zerstörung im Zweiten Weltkrieg 1952 wiedereröffnet und in diesem Zusammenhang verglast. Heute befindet sich dort im östlichen Teil das sog. Kleine Spiel (Automatenspiel) der Spielbank Wiesbaden. Südlich des Bowling Green liegt die seit Errichtung des Staatstheaters (1892–94) so bezeichnete **Theaterkolonnade**. Sie wurde 1838/39 als räumliches Pendant zur Brunnenkolonnade errichtet. Die Pläne stammten vom Architekten Carl Faber. Der noch heute offene Säulengang beherbergte ebenfalls Läden und bildete mit dem alten Kurhaus und der Nordkolonnade ein stimmiges klassizistisches Ensemble. Der Portikus in der Mittelachse war gegen Ende des 19. Jh.s in aufwendig neobarocken Formen als Entree zum anschließenden neuen Theater gestaltet worden. 1937/38 wurde der Bereich durch einen Pavillon im Stile Fabers ersetzt, im Zweiten Weltkrieg aber zerstört. Anschließend erfolgte der Wiederaufbau in einer den übrigen Arkaden angenäherten Weise. Hier befindet sich auch weiterhin der Haupteingang zum Staatstheater.

Das **Kurhaus** fungiert als optischer Abschluss des durch Bowling Green und seitliche Kolonnaden gebildeten Platzes. Es wurde 1905–07 nach Plänen von Friedrich von Thiersch errichtet und ersetzte den Vorgängerbau von Christian Zais. Das achsensymmetrisch angelegte Gebäude zeigt sich in neoklassizistischem Gewand mit Anklängen an den Jugendstil und erstreckt sich auf über 120 m Länge. Die zum Vorplatz ausgerichtete Westfassade wird durch einen mächtigen Säulenportikus gegliedert, über dem sich die 21 m hohe Kuppel des Foyers erhebt. Der reich ausgestattete Kuppelsaal mit seinem radial von der Mitte aus ornamentierten mehrfarbigen Marmorfußboden ist mit antikisierenden Marmorstatuen von Antonio Bacci, Mosaikrundbildern der Gottheiten *Apollo*, *Diana*, *Neptun* und *Venus* von Julius Diez und einem die Kuppelbasis umziehenden Stuckfries mit Szenen aus der römischen Götterwelt von Ernst Pfeifer geschmückt. Der Raum bildet das Zentrum des Hauses; von hier sind die beiden Seitentrakte und der rückwärtige Zugang in den Garten zu erreichen. Der Südflügel beherbergt mit dem Friedrich-von-Thiersch-Saal den großen Veranstaltungs- und Festsaal. Als südlicher Abschluss des Traktes ist der Muschelsaal manieristisch mit maritimem Dekor und Fresken von Fritz Erler sowie Alexander von Salzmann ausgestattet. Dazu finden sich in diesem Abschnitt einige kleinere Räumlichkeiten und ein Wintergarten zum Kurpark hin. Der Nordflügel ist mit dem Christian-Zais-Saal als kleinerem Festsaal, dem sog. Großen Spiel der Spielbank Wiesbaden im ehem. Weinsalon sowie mit einem Restaurant und Nebenräumen belegt. Der berühmte russische Schriftsteller Fjodor Dostojewski, der in Wiesbaden mit dem Roulette in Berührung kam, soll aufgrund seiner Spielsucht den Roman *Der Spieler* verfasst haben. In den 1980er Jahren wurde das Kurhaus im Rahmen einer grundlegenden Restaurierung saniert.

Das **Hessische Staatstheater** wurde 1892–94 als Neues königliches Hoftheater errichtet. Die Pläne für den an die Südkolonnaden anschließenden Neubau lieferten die Wiener Architekten Ferdinand Fellner und Hermann Helmer. Das weitgehend in neobarocken Formen mit Anklängen an die Neorenaissance reich gestaltete Gebäude ist zur Grünanlage Warmer Damm mit einem Pseudohaupteingang versehen. Ein antikisierender Säulenportikus mit aufwendigem, thematisch angelegtem Figurenprogramm wird von dem aufragenden Haubendach des Bühnenhauses überhöht. Die elegante symmetrisch konzipierte Fassade enthält allerdings lediglich den Bühneneingang. Vor der Portalzone steht ein 1905 von Joseph Uphues geschaffenes Schillerdenkmal. Nach Südosten erstreckt sich ein moderner Beton- und Glasanbau für Werkstätten, Proberäume und Verwaltung (von 1974–78, nach Plänen von Hardt-

Waltherr Hämer). In diesem Zusammenhang wurde auch der im Zweiten Weltkrieg teilweise zerstörte Zuschauerraum des Theaters nach historischem Vorbild wiederhergestellt. Auf Betreiben von Kaiser Wilhelm II., der auch den Theaterbau mitinitiiert hatte, wurde 1902 ein neues **Foyer** an die Ostseite des Schauspielhauses angefügt. Die Entwürfe für den eigenständigen Gebäudetrakt hatte der Wiesbadener Architekt Felix Genzmer geliefert. Äußerlich an die Fassaden des Altbaus angepasst, zeigt sich im Inneren eine dreigeschossige überkuppelte Halle mit prunkvoller Rokokodekoration. An drei Seiten von offenen Wandelgängen umzogen, führt im Westen eine doppelläufige Treppenanlage zum Galeriegeschoss. Die reichhaltige Ausmalung der Decken im Foyer wie im Zuschauerraum des Theaters schuf der Maler Kaspar Kögler aus Wiesbaden. Dargestellt sind v. a. Allegorien und Symbole der Künste. In den 1950er Jahren diente das Foyer zeitweise als Spielcasino.

Ein erster **Kurpark** wurde schon mit dem Bau des alten Kurhauses ab 1808 durch den Hofgärtner Schweitzer angelegt. 1837/38 wurde dieser nach Plänen des Frankfurter Stadtgärtners Sebastian Rinz vergrößert. In den 1850er und 1860er Jahren wurden die Pflanzflächen und das Wegenetz durch Carl Friedrich Thelemann umgestaltet. 1873 wurde Ferdinand Hey'l zum Kurdirektor ernannt und ließ Gaskandelaber als erste Beleuchtung aufstellen. Im Zuge des Kurhausneubaus wurde der Park 1906/07 durch Heinrich Zeininger erneut modifiziert. U. a. die Konzertmuschel wurde erneuert und ein Fragment des alten Kurhauses, zwei Säulen und Teile des Architravs wurden als dekoratives Element aufgestellt. Heute präsentiert sich der Kurpark als attraktives Naherholungsgebiet und wird auch für größere kulturelle Veranstaltungen genutzt.

Die anschließenden **Kuranlagen** öffnen sich als reizvolle landschaftliche Anlage entlang eines Spazierweges zur Sonnenberger Burg, beidseitig flankiert durch die Gärten angrenzender Gründerzeitvillen.

Der **Warme Damm** erstreckt sich südlich des Staatstheaters. Die 1859/60 im Stile eines englischen Landschaftsgartens durch Carl Friedrich Thelemann konzipierte Parkanlage verdankt ihren Namen einem Teil der alten Wiesbadener Stadtbefestigung. Das Zentrum bildet ein großer Weiher. Neben einem 1894 von Raffaello Cellai geschaffenen Denkmal Kaiser Wilhelms I. und Resten eines römischen Tempels schmücken seit den 1980er Jahren einige moderne Skulpturen den Park.

Evangelische **Marktkirche** (Schlossplatz 4): Nachdem die Mauritiuskirche als bisherige evangelische Hauptkirche Wiesbadens 1850 durch einen Brand zerstört worden war, wurde der nassauische Baumeister Carl Boos mit der Suche nach einem Grundstück für einen Neubau beauftragt. Der Kirchenvorstand entschied sich schließlich für eine zentrale Lage am Schlossplatz und erteilte Boos ohne vorherigen Wettbewerb den Bauauftrag. Entgegen seinem ursprünglichen Plan eines verputzten Bruchsteingebäudes änderte der Architekt seinen Entwurf und konzipierte 1852 einen reinen Backsteinbau. In erkennbarer Anlehnung an Karl Friedrich Schinkels Friedrichswerdersche Kirche entstand bis 1862 eine repräsentative neugotische Anlage im Stil des romantischen Historismus. Die Fassaden weisen eine aufwendig filigrane Gestaltung auf. Das Gebäude ist als dreischiffige Basilika mit fünfseitigem Chorschluss ohne Querschiff angelegt. Besonders markant sind die fünf hochragenden stadtbildprägenden Türme. An der Westseite rahmen zwei 57 m hohe Ecktürme einen Mittelturm von 89 m Höhe. Die beiden Chorflankentürme messen je 73 m. Der Innenraum zeigt Emporen im Schiff, einen Umgangschor sowie als Sternenhimmel ausgemalte Deckengewölbe. Die reich gestaltete Bauplastik aus gebranntem Ton changiert zwischen neugotischen und klassizistischen Elementen. Im Chor sind fünf lebensgroße Marmorskulpturen von Emil Alexander Hopfgarten aufgestellt. Der segnende *Christus* hinter dem Altar wird von den vier Evangelisten flankiert. Die ebenfalls in Marmor geplante Kanzel wurde dann als bronzierter Eisenguss gefertigt. Trotz einiger jüngerer Zutaten wie der Farbglasfenster und sukzessiven Instandsetzungsarbeiten präsentiert sich die Marktkirche heute weitgehend in ihrem ursprünglichen Zustand.

◆ Evangelische **Ringkirche** (Kaiser-Friedrich-Ring 7): In der zweiten Hälfte des 19. Jh.s und besonders nach der Reichsgründung 1870/71 erlebte Wiesbaden als Kurstadt einen enormen Aufschwung und erfreute sich großer Beliebtheit bis hin zu den deutschen Kaisern. Da Marktkirche und Bergkirche für einen geordneten Gottesdienst bald nicht mehr ausreichten, sah die Stadt die Notwendigkeit, eine dritte evangelische Kirche zu errichten. Nach dem Erwerb eines Grundstücks am Ende der Rheinstraße 1887 wurden der Pfarrer der Bergkirche, Emil Veesenmeyer, und ihr Architekt Johannes Otzen 1889 mit der Erstellung eines Bauprogramms beauftragt. Bis 1891 entwickelten sie das Wiesbadener Programm. Die inhaltliche Maxime folgte Luthers Vorstellung vom Priestertum aller Gläubigen: Die Kirche wurde nicht nur als Versammlungshaus der feiernden Gemeinde definiert, sondern die Annäherung der Gemeinde an Altar, Kanzel und Orgel setzte diese Vorstellungen auch architektonisch um. Die räumliche Zusammenführung der als liturgisch gleichwertig empfundenen Prinzipalstücke und die entsprechende radiale Ausrichtung des Gestühls auf den ideellen Kristallisationspunkt hatte die Hinwendung zu einer Zentralraumlösung zur Folge. In der Abkehr vom Eisenacher Regulativ und der als »katholisch« interpretierten Langhausgrundrisse wie auch des rein gotischen Baustils entstand mit dem Wiesbadener Programm der 1892–94 realisierten Ringkirche ein einflussreiches und zukunftsweisendes Kir-

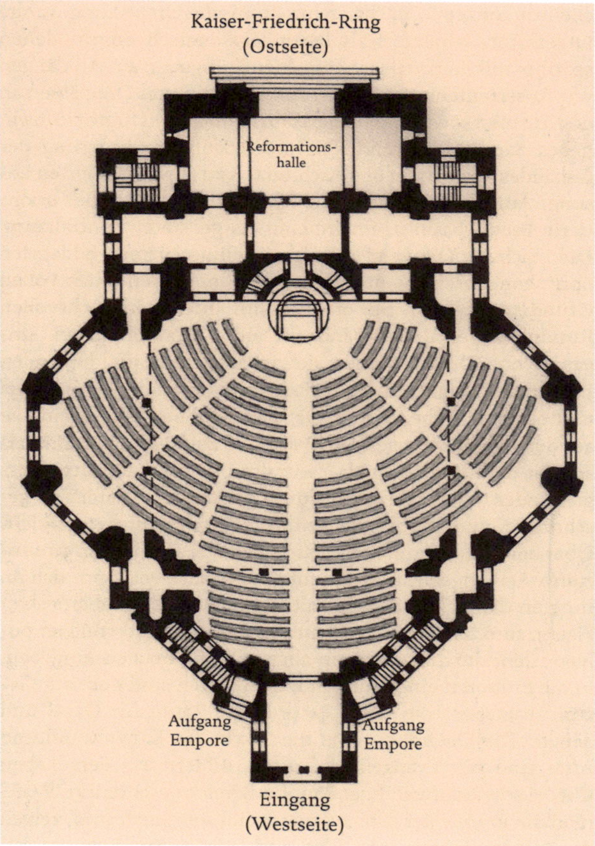

Ringkirche, Grundriss

chenbaukonzept. Für die architektonische Umsetzung wählte Otzen den seinerzeit als besonders deutsch empfundenen spätromanischen Stil mit einzelnen frühgotischen Anklängen wie Rosettenfenstern, zugespitzten Bögen und Dreipässen an den Türmen sowie Rippengewölben innen und fügte sie in ein helles Sandsteingewand. Die städtebauliche Situierung des Gebäudes veranlasste den Architekten zu einer raffinierten Lösung: Äußerlich erscheint die Kirche als nach Westen orientierte Pseudobasilika, im Inneren als geosteter Zentralraum. Die mächtige Ostwand mit den Zwillingstürmen bildet den optischen Abschluss der Rheinstraße mit ihren prachtvollen Gründerzeitbauten. Sie erweckt mit ihrem eindrucksvollen Rundbogenportal den Eindruck einer repräsentativen Eingangsfront. Doch befinden sich in dem dort anschließenden Längstrakt lediglich die sog. Reformationshalle, die Sakristei und ein paar Nebenräume. Der eigentliche Haupteingang ist auf der gegenüberliegenden Westseite zu finden. Von hier erscheint die Kirche eher als Zentralbau. Die konchenartig ausgreifenden Bauglieder sind durch große Rosettenfenster geschmückt und durch vier seitliche Treppentürme flankiert. Über der Gebäudemitte sitzt ein schlanker Dachreiter. **Innenraum**: Das angebliche Querschiff der Anlage entpuppt sich im Inneren dann als zentraler, mit Rippengewölben überdeckter Hauptraum. Ein mittleres Grundrissquadrat wird von vier polygonalen, durch Gurtbögen abgesetzten Konchen umgeben, in die Emporen eingebaut sind. Drei Seiten sind dort mit Gestühl versehen, die vierte Seite bietet Raum für Orgel und Sänger. Die Ostempore und die Nische für Kanzelwand und Altar sind mit Evangelistenfiguren, Bildern aus dem Leben Christi sowie aufwendiger Bauplastik reich geschmückt. Während die Wände der Kirche ornamental ausgemalt sind, zeigen die Rosettenfenster im Süden und Norden Symbole für den *Kreislauf des Lebens im Zeichen Christi* sowie für *Abendmahl* und *Schrift* als Grundpfeiler des evangelischen Glaubens. In der Ostkonche bilden die *Taube des Heiligen Geistes*, das *Christuslamm* und das *Auge Gottes* die hl. Dreifaltigkeit ab. In der Reformationshalle finden sich programmatische, von Ernst Rittweger gefertigte Statuen des Schwedenkönigs *Gustav Adolf* und von *Wilhelm von Oranien-Nassau* sowie Medaillondarstellungen von *Jakob Spener*, *Paul Gerhardt*, *Johann Sebastian Bach* und *Friedrich Schleiermacher*. Im Jahr 2003 wurde die Ringkirche aufgrund ihrer architekturgeschichtlichen und städtebaulichen Bedeutung zum deutschen Nationaldenkmal erhoben.

Bad Homburg (s. Übersichtskarte)

Schloss (Herrngasse 1): Im letzten Viertel des 14. Jh.s entstand unter Ritter Johann Brendel von Homburg eine steinerne Burg anstelle älterer Holzbauten. Von dieser Anlage haben sich der Keller des ehem. Palas unter dem Burghof und der Bergfried erhalten. Letzterer, der als **Weißer Turm** bekannte und heute frei im südlichen Schlosshof stehende Rundbau, gilt als Wahrzeichen Bad Homburgs. Im oberen Drittel verjüngt er sich als zylindrischer Aufsatz über einem Wehrgang mit Rundbogenfries und Zinnen. Die Turmhaube stammt aus dem Jahr 1734. Um 1680 ließ Landgraf Friedrich II. (Heinrich von Kleists *Prinz von Homburg*) die alte Burg schleifen und unter Verwendung älterer Bauteile durch ein Barockschloss nach Plänen des Architekten Paul Andrich ersetzen. Die rechtwinklig um zwei Höfe gruppierte Anlage war 1686 vollendet und wurde 1691–97 durch den Ausbau der Schlosskirche ergänzt. Der Komplex umfasst insgesamt fünf eher schlicht gehaltene Trakte mit Walm- bzw. Satteldächern: den Kirchenflügel mit Uhrturm, den Englischen und Bibliotheksflügel, den Hirschgangflügel, den Königsflügel und den Archivflügel. Die verputzten Fassaden der S-förmig verbundenen Trakte sind bis auf zwei aufwendig gestaltete Tordurchfahrten und ein Portal im Süden weitgehend mittels sandsteingerahmter Rechteckfenster und Türfassungen gegliedert. Das als Haupteingang fungierende **Untere Tor** zeigt profilierte Doppelpilaster und über dem verkröpften Gesims im Giebelfeld die Wappen Friedrichs II. und seiner beiden Ehefrauen Louise Elisabeth von Kurland und Margarete von Brahe. Die Mitte wird von einer *Herkulesstatue* bekrönt, flankiert von zwei Kriegern. Das **Obere Tor** schafft die Verbindung zum südlichen Hof. In einer Arbeit von Zacharias Juncker d. J. öffnet sich über zwei gedrehten Säulen ein reich mit Trophäen geschmücktes Bogenfeld, aus dem *Friedrich II.* zu Pferd frontal herausreitet. Seitlich wenden sich ihm *Mars* und *Minerva* zu. Das **Portal am Archivbau** ist mit einer Bronzebüste des Landgrafen über gedrehten Säulen geschmückt. Das Bildnis nach Andreas Schlüter wurde 1704 von Johann Jacobi (Berlin) gegossen. Im ersten Drittel des 18. Jh.s plante Louis Remy de la Fosse umfangreiche bauliche Veränderungen am Schloss, doch sie blieben aus finanziellen Gründen weitgehend unrealisiert. Nach der Heirat von Landgraf Friedrich VI. mit der englischen Prinzessin Elisabeth 1818 und dessen Regierungsantritt 1820 wurde die Anlage unter Leitung des Architekten Georg Moller in rund 20 Jahren in klassizistischem Stil um- und ausgebaut. Die Maßnahmen betrafen u. a. die Aufstockung des Hirschgangflügels und des Königsflügels. In Letzerem entstanden in diesem Zusammenhang auch die über vier Säulen gewölbte Eingangshalle, das Treppenhaus mit Säulengang sowie der stuckgeschmückte Speisesaal. Beim Umbau des Bibliotheksflügels wurde das Obergeschoss der ehemals zweigeschossigen reformierten Schlosskapelle als Bibliothek umgestaltet. Des Weiteren wurde unter Moller das Ballhaus im Nordosten des Schlosses als Marstall ausgebaut, die Orangerie erweitert. Nach 1866 fiel die Landgrafschaft Hessen-Homburg an Preußen und das Schloss wurde Sommersitz der Hohenzollern (bis 1918). So entstand u. a. 1867–77 das Hofgärtnerhaus nach Entwurf von Jakob Westerfeld. Besonders Kaiser Wilhelm II. schätzte das Homburger Schloss sehr und veranlasste zahlreiche Umgestaltungs- und Renovierungsarbeiten: U. a. wurde 1900/01 durch Louis Jacobi die offene romanische Säulenhalle an den Bibliotheksflügel angebaut, und der Königsflügel wurde zeitgemäß ausgestattet (Bäder, Toiletten, Elektrik, Telefon), unter weitgehender Wahrung der historischen Substanz. Neben den kaiserlichen Räumen Wilhems II. und seiner Frau Auguste Victoria sind besonders der **Englische Flügel** und die Schlosskirche sehenswert. Der nach der Gemahlin Friedrichs VI. benannte Englische oder Elisabeth-Flügel zeigt die Wohneinrichtung der Prinzessin aus der ersten Hälfte des 19. Jh.s: Besonders eindrucksvoll sind die im Empire-Stil eingerichteten Räume sowie der Speisesaal, der 1826–29 nach Vorlagen von Charles Percier und Pierre Fontaine im pompejanischen Stil gestaltet wurde.

Die 1697 geweihte und 1758 umgebaute **Schlosskirche** war bis zur Errichtung der Erlöserkirche 1908 die evangelisch-lutherische Stadtkirche Bad Homburgs. Es handelt sich um einen längsrechteckigen Saalbau mit breiterem quadratischem Chor. Im Altarraum befinden sich die Herrschaftslogen sowie ein 1840 geschaffenes Gemälde von Karl Begas (*Jesus prophezeit den Untergang Jerusalems*). Im Schiff sind auf den Brüstungen der dreiseitigen Emporen alt- und neutestamentarische Darstellungen des 17. und 18. Jh.s angebracht. Unter dem Kirchenraum liegt das Gewölbe der 1695 kryptenartig angelegten Fürstengruft.

Der **Schlosspark** umgibt den Gebäudekomplex nahezu vollständig. Er wurde spätestens mit der Errichtung der Residenz im 17. Jh. planmäßig angelegt und später den Moden der

Zeit entsprechend mehrfach modifiziert. Auf der Ostseite ist noch der axial ausgerichtete Barockgarten mit der Rosenterrasse, den 1820 durch Gräfin Elisabeth gepflanzten Libanonzedern und den Beeten zu erkennen. Im Süden und Westen erstreckt sich der Bereich, der ab etwa 1770 durch Johann Adam Wittmann langsam in einen Landschaftsgarten nach englischem Vorbild gestaltet wurde.

Evangelische **Erlöserkirche** (Dorotheenstraße 1): Betraf das Engagement Kaiser Wilhelms II. und seiner Gemahlin Auguste Victoria beim Schloss v. a. die Inneneinrichtung des Königsflügels, so beeinflussten sie im Fall der neuen Erlöserkirche in wesentlichem Maße die Baugestalt. Der Berliner Architekt Max Spitta lieferte 1901 den Entwurf eines repräsentativen Sakralbaus, und nach seinem Tod 1902 wurde dieser durch Franz Schwechten (bekannt u.a. durch die Kaiser-Wilhelm-Gedächtniskirche in Berlin) 1903–08 ausgeführt. Zugrunde lag die Idee einer Stein gewordenen Darstellung christlichen Herrschertums in der Tradition Kaiser Konstantins über Karl den Großen bis zu den Staufern unter Friedrich Barbarossa als Anführern des römisch-deutschen Reiches. So entstand in eklektischer Weise ein programmatischer Bau, der von der Großform bis ins Detail das architektonische Erbe von der Spätantike über das Frühmittelalter bis zur Romanik verband. Erinnert die majestätische Fernwirkung des viertürmigen Baus mit den Rautenhelmen an den Dom zu Speyer, so knüpft der kompakte Grundriss in Form eines griechischen Kreuzes mit der halbrunden Chorapsis basilikalen Zuschnitts an den Limburger Dom an. In der Bauplastik orientierte sich Gotthold Riegelmann (Berlin) bei der Gestaltung des Haupteingangs mit der großen Rundbogennische an St. Trophime in Arles. Bei den Nebenportalen finden sich Elemente aus karolingischer, oberitalienischer und staufischer Zeit bis hin zum Jugendstil. Der **Innenraum** präsentiert sich ähnlich wie der Markusdom in

Venedig als feierlicher Kreuzkuppelbau mit starken Anklängen an byzantinische Vorbilder wie die Hagia Sophia. Die von Hermann Schaper (Hannover) geschaffene Dekoration aus dunklen Marmorinkrustationen und reichem, teils goldfarbenem Mosaikschmuck greift zugleich Motive des Jugendstil auf. Höhepunkt der Raumfassung ist *Christus als Weltenherrscher* in der Chorapsis. Die Szenen aus dem Leben Jesu in den von Alexander Linnemann (Frankfurt) entworfenen Rosettenfenstern sowie das Erlöserkreuz im Scheitel der Vierungskuppel greifen die Idee des Kirchennamens auf. An romanische Kirchen erinnert die Gestaltung von Lettner und Kanzel.

Kloster Eberbach

Kloster Eberbach (Kloster-Eberbach-Straße 1, Eltville): Der ♦ hl. Bernhard von Clairvaux veranlasste diese Tochtergründung der gleichnamigen französischen Abtei, und als sich die Zisterzienser 1136 im entlegenen Tal des Kisselbachs niederließen, erfüllte dieser Ort die Bedingungen, um in selbst gewählter Abgeschiedenheit dem benediktinischen Motto »ora et labora« (bete und arbeite) in Kontemplation und Selbstversorgung zu folgen. Zunächst besiedelte man die aufgelassenen Gebäude eines Augustiner-Chorherren-Stifts, doch die Gemeinschaft wuchs so rasch, dass schon wenige Jahre später mit einem Klosterneubau begonnen wurde: Zwischen 1145 und 1220 entstand ein Gesamtkomplex aus Kirche, Klausurbauten, Laientrakt (Konversen) und Wirtschaftsgebäuden, der in quasi idealtypischer Weise die Struktur und das Wesen zisterziensischen Zusammenlebens widerspiegelt. Weil die Klosteranlage nahezu vollständig erhalten und die künstlerische Qualität der romanischen, in gotischer und barocker Zeit teilweise überformten Bauten hoch ist, gilt Kloster Eberbach als Kulturdenkmal von europäischem Rang. Es ist überdies berühmt für seine jahrhundertelange Weintradition – und Cineasten ist es nicht zuletzt durch die Verfilmung von Umberto Ecos Roman *Der Name der Rose* von 1986 bekannt. Der Klosterkomplex ist von einer etwa 1100 m langen und bis zu 5 m hohen Ringmauer aus dem 12./13. Jh. umgeben. Der Zugang erfolgt über ein im Kern romanisches Torhaus, das um 1740 in barocken Formen ausgebaut und vergrößert wurde.

Der Weg führt danach auf die **Kirche** zu – Blickfang und liturgisch wichtigstes Gebäude der Anlage. Der Bau erhebt sich über kreuzförmigem Grundriss mit weiß verputzten Wänden, versetzter Eckquaderung und Sandsteinrahmungen. Aus romanischer Zeit stammen die äußere Baugestalt mit den Rundbogenfenstern und das Paradies an der Südwestseite des Langhauses (einige Fenster, z. B. an der Chorostwand, wurden 1935 in romanisierender Form ersetzt). Die Maßwerkfenster an der Chorsüdseite und die insgesamt neun Kapellenanbauten am Schiff lassen gotische Umbauten in der ersten Hälfte des 14. Jh.s erkennen. Die mit Zwiebelhauben bekrönten Dachreiter über der Vierung und dem westlichen Langhaus stammen wie die Dächer aus der Barockzeit (Mitte 18. Jh.). Das Innere beeindruckt durch die schlichte Klarheit in der Raumauffassung, vermittelt durch die Kargheit der Wandgestaltung und die regelmäßige architektonische Gliederung. Die optische Einheitlichkeit trügt hier: Es liegen zwei Bauphasen zugrunde. Der Grundriss folgte einem für Zisterzienserkirchen typischen Schema, einer dreischiffigen Pfeilerbasilika mit Querhaus, quadratischer Vierung und Rechteckchor. An den Ostseiten des Querhauses sind je drei annähernd quadratische Kapellen angeordnet. Zwischen 1145 und etwa 1160 wurden Chor und Querschiff in Gänze, die westlichen Vierungspfeiler bis zu etwa einem Drittel ihrer späteren Höhe errichtet. Dann gab es einen Planwechsel. In der Abkehr von der bisherigen burgun-

Kloster Eberbach: das Langhaus der Kirche

dischen Bauweise richtete sich das weitere Vorgehen nach der rheinischen Romanik. Zwischen etwa 1170 und 1186 wurde die Chorpartie erhöht, das Langhaus vollendet und der gesamte Bau nach dem gebundenen System eingewölbt. Die sich daraus ergebende Gliederung ließ das Schiff im Westen ungewöhnlicherweise mit einem halben Joch enden. Flache Gurtbögen unterfangen im Hauptschiff die Kreuzgratgewölbe und ruhen auf profilierten Konsolen. Ebenfalls der Neuplanung sind wohl die Geschosse über den kleinen Chorflankenkapellen zu verdanken. Die drei nördlichen dieser ebenfalls kreuzgratgewölbten Räume sind mit barockem Stuckwerk ausgeschmückt. Bei der Ausstattung sind besonders die zahlreichen qualitätvollen Grabmäler des 14.–16. Jh.s im Chor, im Querschiff und in den kleinen Ostkapellen zu erwähnen, mit ihrer oft ausdrucksstarken Figürlichkeit und prächtigen architektonischen Rahmung. Neben Erzbischöfen und Äbten wurden sechs Grafen von Katzenelnbogen und weitere Adlige hier bestattet. Die Kirche wird heute nur noch zu besonderen Anlässen für Gottesdienste genutzt. Ansonsten finden dort kulturelle Veranstaltungen wie z. B. Konzerte des Rheingau-Musikfestivals statt.

In der Flucht des nördlichen Querschiffs schließen sich die **Klausurbauten** an. Die Raumfolge besteht von der Basilika aus in dem ehem. Bibliotheksraum (Armarium), der Sakristei, dem Kapitelsaal, einem kleinen Ausgang, der Parlatur (Sprechzimmer) und der Fraternei. Der zusammen mit der Kirche in romanischer Zeit entstandene Ostflügel der Klausur wurde später teilweise überformt bzw. erweitert. So erhielt der vom Kreuzgang aus zugängliche Kapitelsaal um die Mitte des 14. Jh.s ein Sterngewölbe, gestützt auf einen achteckigen Mittelpfeiler und seitliche Konsolen. Der Raum ist von Steinbänken umzogen und wurde um 1500 mit floralen Motiven ausgemalt. Die ursprünglich wohl als Arbeits- und Aufenthaltsort der Mönche dienende Fraternei wurde um die Mitte des 13. Jh.s erhöht, nach Norden erweitert und als zweischiffige Halle mit einem Kreuzgratgewölbe auf Rundpfeilern und Konsolen überspannt. Im Obergeschoss des Ostflügels befindet sich das über 70 m lange und 14 m breite ehem. Mönchsdormitorium. Dieser eindrucksvolle zweischiffige Saal wurde um 1270 begonnen. Sein frühgotisches Kreuzrippengewölbe ruht auf kurzen Säulen mit Pflanzenkapitellen. Eine Treppe aus romanischer Zeit führt vom Schlafsaal direkt in das nördliche Querschiff der Kirche. Heute wird das ehem. Dormitorium vom Abteimuseum genutzt. Der teils aus romanischer, teils aus gotischer Zeit stammende Kreuzgang wird an seiner Nordseite von einem Klausurflügel begrenzt, der im Erdgeschoss verschiedene kleinere Räume enthält. Hier liegen das in barocker Zeit umgestaltete Refektorium (Speisesaal) mit der schönen Stuckdecke, die ehem. Küche und der zur Klostergasse führende Portikus. Im Obergeschoss befinden sich u. a. die ehem. Räume der

Wärmestube, des Winterkapitelsaals und im westlichen Teil der um 1480 als Bibliotheksbau errichtete Fachwerktrakt. Zum Kreuzgang hin wurde hier ein polygonaler Treppenturm mit Fachwerkaufbau (dieser aus der Zeit um 1500) angefügt. Der Nordflügel der Klausur wird heute für Veranstaltungen und vom Abteimuseum genutzt.

Westlich der Klostergasse, die den mönchischen vom Laienbereich trennte, liegt mit dem **Konversenbau** das Haus der Laienbrüder. Gebaut um 1200, birgt der über 90 m lange Trakt im Erdgeschoss zwei kreuzgratgewölbte zweischiffige Hallen. Der nördliche Saal diente als Cellarium (Wein- und Vorratskeller), der südliche als Laienrefektorium (heute ein Ausstellungsraum für historische Weinkeltern). Zwischen beiden verläuft der ursprüngliche Klostereingang. Im Obergeschoss befindet sich mit dem Laiendormitorium der größte Saal der Klosteranlage. Die zweischiffige Halle mit Kreuzgratgewölben über Gurtbögen und Säulen misst eindrucksvolle 85 m Länge und 13 m Breite. Heute wird der Raum für verschiedene Veranstaltungen genutzt. Im ersten Drittel des 17. Jh.s wurde der Konversenbau u. a. um ein Backhaus und ein Brauhaus nach Norden verlängert. 1623 wurde zwischen altem Klostereingang und dem Portikus ein polygonaler Turm errichtet.

Östlich des Klosterbereichs und jenseits des Kisselbachs befindet sich das spätromanische **Hospital**. Dahin führt ein barocker Verbindungsbau, das um 1750 errichtete neue Hospital. Das alte Hospital wurde zwar um 1720 umgebaut und erhielt ein neues Walmdach, im Inneren zeigt sich jedoch noch die elegante Raumfassung aus der Zeit des Übergangs zur Frühgotik. Die knapp 40 m lange dreischiffige Halle ist von steilen Kreuzgratgewölben überdeckt. Die reich gestalteten Kapitelle der schlanken Säulen erinnern an gleichzeitige Beispiele aus dem Limburger Dom und verweisen möglicherweise auf die gleichen Künstler. Seit dem Anfang des 17. Jh.s dient das alte

Hospital ebenso der Pflege des Weinbaus wie das 1927 auf der Ostseite errichtete Nachbargebäude (heute Vinothek der hessischen Staatsweingüter). Zwischen dem eigentlichen Klosterbezirk und der Ringmauer liegen Gartenanlagen (mehrfach verändert) und weitere Wirtschaftsgebäude.

Ronneburg (s. Übersichtskarte)

◆ Die **Ronneburg**, weithin sichtbar auf einem Basaltkegel oberhalb des Fellbachtals, ist eine der am besten erhaltenen Höhenburgen Hessens. Sie wurde wohl im ersten Viertel des 13. Jh.s durch das Erzbistum Mainz zur territorialen Absicherung dortiger Besitztümer gegründet und möglicherweise durch die Herren von Büdingen als Inhaber der Vogteirechte erbaut. Sie beherbergt heute neben einem Museum und einem Gastronomiebereich auch eine Falknerei. Die Anlage umfasst die 1538–55 errichtete Vorburg sowie die Kernburg mit Bauteilen des 14. bis 16. Jh.s und steht seit 1905 unter Denkmalschutz.

Die **Vorburg** ist von einer hohen Wehrmauer umgeben und mit runden Ecktürmen verstärkt. Das ehemals zweigeschossige äußere Burgtor hat einen spitzbogigen Durchgang und ist mit einem Wappenstein (1538) versehen. Die hölzernen Flügeltore von 1539 weisen alte Beschläge auf. Links der Durchfahrt liegen Räume wie die ehem. Wächterstube. Nach einem Segmentbogen öffnet sich der geräumige Hof der Vorburg. Im südlich an die Ringmauer angebauten Marstall befindet sich heute die Gastronomie. In die Mitte des Hofes ragt das Bandhaus mit einem größeren Gewölbekeller (früher Weinlager). 1870 wurde das Obergeschoss auf Abbruch verkauft, das heutige Dach stammt aus dem Jahr 1905. Der Zugang in die Kernburg erfolgt über ein zweites Torhaus, das heute die Museumskasse beherbergt. Über dem spitzbogigen Portal sitzt ein Wap-

Die Ronneburg

pen des Grafen Philipp von Ysenburg-Büdingen und seiner Gattin Amalie von Rieneck mit der Jahreszahl 1527. Anstelle einer Zugbrücke führt seit 1566 eine Rampe zum dritten Torbau mit seiner Spitzbogenöffnung des späten 15. Jh.s. Rechts der Durchfahrt liegt das gotische Brunnenhaus. Als der heute 96 m tiefe Brunnen im 16. Jh. gegraben wurde, verlegte man die ursprünglich in den Räumen untergebrachte Wachstube in das Erdgeschoss des Rundturms (15. Jh.) links der Durchfahrt.

Nach dem im Mittelalter als Vorburg fungierenden Höfchen öffnet der vierte Torbau den Zugang in die eigentliche **Kernburg**. Die im Kern spätmittelalterliche Durchfahrt wurde 1541 erneuert und 1570/71 zweigeschossig ausgebaut. Zum Hof hin zeigt sich ein aufwendig verzierter Erker mit dem Wappenstein des Grafen Heinrich von Ysenburg-Büdingen und seiner ersten Gattin Maria von Rappoltstein. Auf der rückwärtigen

Außenseite der Burg sitzt ein zweigeschossiger Erker. Einer der Räume datiert aus der Erbauungszeit und war ursprünglich wohl ein großer Wohnraum; nach 1736 wurde er u. a. von der Herrnhuter Brüdergemeinde unter ihrem Gründer Nikolaus Ludwig von Zinzendorf als Kirchenraum genutzt. So erhielt das Gebäude nachträglich den Namen **Zinzendorfbau**.

Das westliche Ende des Burghofs wird durch den dreigeschossigen **Saalbau** (**Palas**) abgeschlossen. Seine Anfänge reichen in das erste Drittel des 14. Jh.s zurück. Der mehrfach veränderte Trakt grenzt im Süden an den Wehrgang der Burgmauer und im Norden an den Küchenbau und den Alten Bau. Über dem hofseitigen Kellereingang sitzt ein Fachwerkaufbau von 1555. Der axial dahinter befindliche runde Treppenturm stammt aus dem 15. Jh. Links davon kragt ein polygonaler Erker (spätes 14. Jh.) aus dem zweiten Obergeschoss aus und markiert die dortige Burgkapelle. Im Untergeschoss des Palas befindet sich die Hofstube mit einem Sterngewölbe aus der Zeit um 1476. Außen über der Ringmauer sitzt ein Erker mit einem Netzgewölbe von 1546. An den Saalbau wurde in der ersten Hälfte des 14. Jh.s westlich ein kleiner Zwinger mit einem Burggärtchen angelegt.

Die Nordwestecke der Kernburg nimmt der sog. **Küchenbau** von 1573 ein, mit seinem weithin sichtbaren, eleganten Renaissancegiebel und einem runden Treppenturm auf der rückwärtigen Seite. Die ehem. Burgküche befindet sich im Erdgeschoss. Unmittelbar östlich schließt sich der **Alte Bau** an. Er enthält zwei große Räume aus der Zeit um 1477 und besitzt ein mit »1572« bezeichnetes Portal.

Den Hauptteil des Nordflügels bildet die 1573 vollendete **Neue Kemenate**. Der viergeschossige Bau gründet hofseitig auf der mittelalterlichen Wehrmauer und wird durch zwei elegante Renaissanceerker charakterisiert. Unter dem linken Erker führt ein mit »1537« bezeichnetes Portal in die Apotheke.

1621 zerstörte ein Brand die östliche Hälfte des Baus in den Obergeschossen; der Bereich wurde nur teilweise wieder aufgebaut. Über der Apotheke befanden sich die gräflichen Wohnräume. Die Appartements verfügen über Kamine und sind mit Kreuzrippengewölben überdeckt. Die Wände wurden mit Scheinarchitekturen und pflanzlichen Motiven bemalt. Im zweiten Obergeschoss finden sich zudem figürliche Darstellungen aus dem Alten Testament und Szenen mit Burgenlandschaften. Als Künstler waren 1574 Conrad Wallrab und 1597–99 Erhard Sanßdorffer aus Gelnhausen tätig.

Die Nordostecke des Hofes wird durch den mächtigen **Bergfried** dominiert. Der 32 m hohe Rundbau gehört zum ältesten Teil der Burganlage: In seinem unterem Bereich stammt er aus der ersten Hälfte des 13. Jh.s. Ursprünglich wurde der Bau durch ein Spitzbogenportal in etwa 10 m Höhe betreten, und die Räume darunter wurden als Verlies genutzt. Die Renaissancefenster wurden erst 1581 eingesetzt, der seitlich angefügte Treppenturm stammt aus dem 15. Jh. Der ungewöhnliche Turmaufbau wurde 1581 von Joris Robin gestaltet. Auf einem geschlossenen Geschoss sitzt hinter einer Balustrade ein Umgang, der auch die vier vorgestellten Giebelbauten durchzieht. Die abschließende steinerne Kuppel wird von einer Laterne bekrönt.

Archäologisches Museum Frankfurt (I F6; zum Bau s. S. 54): Präsentation, Bewahrung und Erforschung der Archäologie und Geschichte Frankfurts und des Umlandes. Bedeutende Grabungsfunde aus der ehem. römischen Stadt Nida (Frankfurt-Heddernheim), des Mittelalters und der Neuzeit (u. a. aus dem jüdischen Ghetto am Börneplatz). Dazu umfangreiche Sammlungen der klassischen Antike des Mittelmeerraumes und des Alten Orients. (www.archaeologisches-museum-frankfurt.de)

Caricatura Museum Frankfurt – Museum für Komische Kunst (Leinwandhaus, I G6; zum Bau s. S. 43): Dauerausstellung mit Werken der Künstler der Neuen Frankfurter Schule. Dazu regelmäßige Sonderausstellungen zeitgenössischer Künstler. (www.caricatura-museum.de)

DAM – Deutsches Architekturmuseum (I F7; zum Bau s. S. 135): Internationale Architekturausstellungen, Symposien, Kongresse, Vorträge. Dauerausstellung mit 24 Großmodellen »Von der Urhütte bis zum Wolkenkratzer«. Große Sammlung von Plänen, Zeichnungen, Modellen usw. zur Architektur des 20. Jh.s sowie eine umfangreiche Präsenzbibliothek. (www.dam-online.de)

DFF – Deutsches Filminstitut & Filmmuseum (Schaumainkai 41, I F7): Dauerausstellung zur Geschichte und Gegenwart, Ästhetik und Wirkung des Mediums Film (»Filmisches Sehen« und »Filmisches Erzählen«). Dazu Sonderausstellungen, Workshops, Events. Integriert ist das Kommunale Kino, ein städtisch getragenes Filmtheater mit wechselndem Programm. Umfangreiches Archiv und große Bibliothek. (www.deutsches-filminstitut.de)

Dommuseum (Domplatz 1, I G5): Regelausstellung mit Exponaten zur Geschichte des Frankfurter Doms. Reliquiare, Paramente, liturgische Geräte. Zudem Wechselausstellungen auch zeitgenössischer Künstler. Im Keller des Haus am Dom gibt es noch die »Dependance Sakristeum im Haus am Dom«. (www.dommuseum.de)

Ernst-May-Haus (Im Burgfeld 136): Denkmalgerecht restauriertes und weitgehend original ausgestattetes Musterhaus der Siedlung Römerstadt nach Entwurf von Ernst May von 1927/28 mit Gartenparzelle nach Grünflächenplanung von Leberecht Migge (1928). (www.ernst-may-gesellschaft.de)

Frankfurter Kunstverein (Am Markt 44, I F6): Schon 1829 gegründet als einer der ältesten deutschen Kunstvereine und seit 1962 im Steinernen Haus (s. S. 35) ansässig, widmet sich der Verein als interdisziplinäres Ausstellungshaus der Vermittlung zeitgenössischer Kunst. (www.fkv.de)

Geldmuseum der Deutschen Bundesbank (Wilhelm-Epstein-Straße 14, III D1): Das einzige Museum seiner Art in Deutschland. Dauerausstellung über die numismatische, wirtschaftliche und politische Geschichte des Geldes. Umfangreiche Münz- und Papiergeldsammlung sowie anderer historischer Währungen. (www.bundesbank.de)

Goethe-Haus und Goethe-Museum, Deutsches Romantik Museum (I F5; zum Bau s. S. 64): Rekonstruiertes Geburtshaus des Dichters mit zeitgenössischer Ausstattung. Dazu gehörig das Goethe-Museum, eine Gemäldegalerie der Goethezeit. Es soll eingebunden werden in ein »Deutsches Romantik Museum«, dessen Eröffnung in einem angrenzenden Neubau für 2021 vorgesehen ist. (www.goethehaus-frankfurt.de)

Historisches Museum Frankfurt (I F6; zum Bau s. S. 48): Sammlung zur Geschichte der Stadt und des näheren Umlandes in sechs Themengalerien. (www.historisches-museum-frankfurt.de)

Ikonen-Museum Frankfurt (Deutschordenshaus, I G6): Über 1000 Ikonen, Handschriften und Kirchengerät aus dem

15.–20. Jh. werden in dem vom Architekten Oswald Mathias Ungers umgestalteten ehem. Refektorium des Deutschordenshauses (s. S. 139) präsentiert. Dependance des Museums für Angewandte Kunst. (www.ikonenmuseumfrankfurt.de)

Jüdisches Museum (Untermainkai 14/15, I E6) und **Museum Judengasse** (I G5): Das Stadthaus am Untermainkai wurde ursprünglich 1820/21 vom Stadtbaumeister Johann Friedrich Christian Hess in klassizistischem Stil erbaut. 1985–88 erfolgte der Umbau zum Jüdischen Museum durch den Architekten Ante Josip von Kostelac. Es wurde am 9. November 1988 im Gedenken an 50 Jahre Novemberpogrom als erstes Jüdisches Museum Deutschlands eröffnet. Eine Dauerausstellung dokumentiert das Judentum und dessen Geschichte in Frankfurt. Die Eröffnung eines modernen Erweiterungsbaus nach Plänen von Staab Architekten ist für Herbst 2020 vorgesehen. Das Museum Judengasse befindet sich im Gebäudekomplex des Stadtwerkezentrums am Börneplatz (s. dazu S. 83). (www.juedischesmuseum.de)

Zur **Kaiserpfalz Franconofurd** s. S. 44.

Liebieghaus Skulpturensammlung (III E7; zum Bau s. S. 138): Das reizvoll in einem Park gelegene Haus beherbergt rund 3000 Werke der ägyptischen, griechischen und römischen Antike sowie Skulpturen vom Mittelalter bis zum Klassizismus und Stücke aus Ostasien. Einige Kopien der Ausstellungsstücke wie z. B. die *Ariadne auf dem Panther* von Johann Heinrich Dannecker schmücken die romantische Gartenanlage. Die universal ausgerichtete Sammlung gilt als eine der bedeutendsten Europas. (www.liebieghaus.de)

MMK – Museum für Moderne Kunst (I G5; zum Bau s. S. 59): Die mehr als 4500 Werke umfassende Sammlung repräsentiert alle Gattungen der nationalen und internationalen Kunstszene von den 1960er Jahren bis in die Gegenwart. Die Sammlung umfasst alle Aspekte von Malerei über Skulptur,

Fotografie, Video, Licht-, Klanginstallationen bis zur Performancekunst. Das MMK ist eines der weltweit bedeutendsten Museen seiner Art. Seit 2007 betreibt es im gegenüberliegenden ehem. Zollamt den externen Ausstellungsraum MMK 2 (Taunustor 1) und zeigt dort Arbeiten jüngerer oder weniger bekannter Künstler. Seit 2014 gibt es mit dem MMK 3 (Domstraße 3) eine weitere Ausstellungsfläche im zweiten Stock des Taunusturms an der Gallusanlage. Dort werden in wechselnden Abständen Werke aus den Beständen des Museums gezeigt. (www.mmk.art.de)

Museum für Angewandte Kunst (I F6; zum Bau s. S. 133): Bestand von über 65 000 Werken aus mehr als 5000 Jahren. Arbeiten des Kunsthandwerks und Designs v. a. des 12.–21. Jh.s aus Europa. Dazu Grafik und Buchkunst sowie ostasiatische und islamische Kunst. Besondere Betonung neuer Präsentationsformen. (www.museumangewandtekunst.de)

Museum für Kommunikation (III F7; zum Bau s. S. 135): Die Geschichte der Verständigung und des Informationsaustausches, gezeigt anhand des Postwesens, des Transports, des Reisens und des Nachrichtenverkehrs in ihren technischen, kulturellen und gesellschaftlichen Zusammenhängen. Zahlreiche Exponate, eine Kunstsammlung und ein Archiv für Philatelie ergänzen die Dokumentationen. (www.mfk-frankfurt.de)

Museum Giersch der Goethe-Universität (Schaumainkai 83, III E7): Das Ausstellungshaus widmet sich in erster Linie der Erforschung und Präsentation von Kunstwerken aus der Rhein-Main-Region mit dem Schwerpunkt der Malerei des 19. und 20. Jh.s. Ein weiteres Gewicht liegt auf interdisziplinären Ausstellungsprojekten universitärer Wissenschaft und künstlerischer Darstellungsformen. (www.museum-giersch.de)

Paulskirche (I F5; zum Bau s. S. 57): Dauerausstellung »Die Paulskirche, Symbol demokratischer Freiheit und nationaler

Einheit«. Dazu gelegentlich Sonderausstellungen. Bedeutende Veranstaltungen wie Preisverleihungen: Friedenspreis des Deutschen Buchhandels, Goethepreis der Stadt Frankfurt. (www.frankfurt.de)

Portikus (Alte Brücke 2, I G6): Seit 2006 ist das Ausstellungshaus in einem schlanken, vom Architekten Christoph Mäckler entworfenen Gebäude auf der Maininsel an der Alten Brücke untergebracht. Die Institution ist Teil der Hochschule für Bildende Künste – Städelschule und präsentiert Werke junger wie etablierter zeitgenössischer Künstlerinnen und Künstler. (www.portikus.de)

Schirn Kunsthalle Frankfurt (I F6; zum Bau s. S. 44): Das Haus hat keine eigene Sammlung, sondern zeigt groß angelegte Ausstellungen zu kunst- und kulturhistorischen Themen aus Geschichte und Gegenwart, Retrospektiven, monografische Darstellungen in Kooperation mit international renommierten Museen. (www.schirn.de)

Senckenberg Naturmuseum (I C4; zum Bau s. S. 97): Eines der großen Naturkundemuseen Deutschlands. Dauerausstellung zu Themen der Erdgeschichte, der Evolution und der Vielfalt des Lebens (Biodiversität). Große Sammlung mit z. T. spektakulären Exponaten, darunter Dinosaurierskelette, Tierpräparate, Fossilien aus dem UNESCO-Weltnaturerbe Grube Messel. (www.senckenberg.de)

Städel Museum (III E7; zum Bau s. S. 136): Eine der ältesten und bedeutendsten Kunstsammlungen Deutschlands. 1815 durch Johann Friedrich Städel als bürgerliche Stiftung gegründet, besitzt das Museum heute über 3000 Gemälde, 660 Skulpturen, über 4600 Fotografien und über 100 000 Zeichnungen und Grafiken aus der Zeit des Mittelalters bis in die Gegenwart. (www.staedelmuseum.de)

Weltkulturen Museum (Schaumainkai 29, I F6): Die ethnographische Sammlung des Museums umfasst ca. 67 000 Objekte aus Afrika, Nord-, Mittel- und Südamerika, Ozeanien und Südostasien. Etwa 120 000 historische und zeitgenössische Fotografien und Filme sowie eine umfangreiche Bibliothek ergänzen den Bestand. Der auf drei Gründerzeitvillen am Museumsufer begrenzte Platz ermöglicht nur Wechselausstellungen. (www.weltkulturenmuseum.de)

Zu einigen kleineren Spezialmuseen s. unter frankfurt.de/service-und-rathaus/verwaltung/aemter-und-institutionen.

Darmstadt (s. Übersichtskarte)

Hessisches Landesmuseum (Friedensplatz 1): 1906 eröffnete neobarocke Anlage nach Entwurf von Alfred Messel. Universalmuseum mit Abteilungen der Kunst- und Kulturgeschichte (von der Ur- und Frühgeschichte bis in die Gegenwart), der Geologie und Paläontologie, der Zoologie und Mineralogie. (www.hlmd.de)

Museum Künstlerkolonie Mathildenhöhe (Olbrichweg 13a; zur Mathildenhöhe s. S. 148): Das im Ernst-Ludwig-Haus angesiedelte Museum widmet sich in drei Räumen der Geschichte der Künstlerkolonie von 1899 bis 1914 und präsentiert ihre einzelnen Mitglieder. Dazu Mobiliar und Gebrauchsgegenstände, Modelle der Siedlung. (www.mathildenhoehe.eu)

Schlossmuseum (Marktplatz 15; zum Schloss s. S. 153): Im Glocken- und Kirchenbau des Altschlosses gibt die Ausstellung, nach Epochen gegliedert, einen Einblick in die landgräfliche Wohn- und Lebenskultur des 16.–20. Jh.s. (www.schlossmuseum-darmstadt.de)

Jagdschloss Kranichstein (Kranichsteiner Straße 261): 1578–80 unter Landgraf Georg I. nach Plänen des Baumeisters Jakob Kesselhuth zu einem hufeisenförmigen Renaissancebau erweiterte und unter Landgraf Ludwig VIII. zum Residenzschloss ausgebaute Anlage. 1917 als Museum eingerichtet. Im Erdgeschoss Exponate zur Geschichte der Jagd (u. a. große Waffensammlung), im Obergeschoss die barocken Repräsentationsräume und Jagdtrophäen. Im Zeughaus des Ensembles ist das Bioversum untergebracht, ein 2009 eröffnetes Naturmuseum, das sich anhand des umliegenden Buchenwaldes dem Thema Biodiversität widmet. (www.jagdschloss-kranichstein.de)

Zu einigen kleineren Spezialmuseen s. www.darmstadt.de/darmstadt-erleben/kultur/ausstellungshaeuser-und-museen.

Wiesbaden (s. Übersichtskarte)

Museum Wiesbaden (Friedrich-Ebert-Allee 2): Der dreiflügelige Bau wurde 1913–15 nach Plänen des renommierten Architekten Theodor Fischer in neoklassizistischem Stil errichtet. Ursprünglich für drei Sparten eingerichtet, bestehen heute noch die Bereiche Kunst und Natur. Die Kunstsammlung konzentriert sich vornehmlich auf das 19. und 20. Jh. Die naturhistorischen Sammlungen umfassen etwa eine Million Einzelobjekte aus den Bereichen Geologie und Mineralogie, Zoologie und Botanik. Zudem gibt es eine kleine Abteilung Völkerkunde. (www.museum-wiesbaden.de)

Nassauischer Kunstverein (Wilhelmstraße 15): Ausstellungen zur zeitgenössischen Kunst. (www.kunstverein-wiesbaden.de)

sam – Stadtmuseum am Markt (Marktplatz 3): Der Bestand umfasst die Sammlung Nassauischer Altertümer (SNA) und die stadtgeschichtliche Sammlung. Erstere zeigt v. a. landeskundliche Exponate von Archäologie über Kunst und Kunstgewerbe bis zur Numismatik, die stadtgeschichtliche Abteilung widmet sich besonders der Kultur- und Alltagsgeschichte Wiesbadens vom 19. bis zum 21. Jh. (www.wiesbaden.de/microsite/sam/index.php)

Zu einigen kleineren Spezialmuseen s. www.wiesbaden.de/tourismus/sehenswertes/museen/index.php.

Weitere ausgewählte Museen im Rhein-Main-Gebiet

Das **Limeskastell Saalburg** (Saalburg 1, Bad Homburg; s. Übersichtskarte) stellt eine einzigartige Rekonstruktion eines römischen Kastells aus der zweiten Hälfte des 2. Jh.s dar. Der nach archäologischen Befunden weitgehend originalgetreue Wiederaufbau des letzten römischen Bauzustandes präsentiert eine längsrechteckige Befestigungsanlage von 147 m Breite und 221 m Länge, von Wällen und Gräben umgeben. Die rekonstruierten Gebäude werden von einer knapp 2,40 m aufragenden, ursprünglich wohl doppelt so hohen, vermörtelten Ringmauer geschützt. Das Saalburgmuseum mit zahlreichen Funden ist in Teilen im Stabsgebäude und im Speicher untergebracht. Das Institutsgebäude wurde erweitert, mit der Fabrica ein moderner Neubau für Tagungen, Vorträge und Ausstellungszwecke errichtet. Im Jahr 2005 wurde die Saalburg als Teil des Limes in die Liste des UNESCO-Weltkulturerbes aufgenommen.

Keltenwelt am Glauberg (Am Glauberg 1, Glauburg; s. Übersichtskarte): Archäologisches Museum und Forschungszentrum zur Kultur der Kelten. Das nach Entwürfen des Büros kadawittfeldarchitektur errichtete preisgekrönte Ausstellungsgebäude wurde 2011 eröffnet. Sammlungsschwerpunkt sind die Siedlungsfunde am Glauberg. Höhepunkt ist der sog. Keltenfürst. Um das Museum wurde ein archäologischer Park angelegt. (www.keltenwelt-glauberg.de)

Freilichtmuseum Hessenpark (Laubweg 5, Neu-Anspach;

s. Übersichtskarte): Die Sammlung abgetragener Fachwerkhäuser aus ganz Hessen wurde 1978 eröffnet, aufgestellt in regionalen Baugruppen. Ziel sind der Erhalt und die Wiedergewinnung traditioneller Bau- und Handwerkstechniken, die Nutzung traditioneller landwirtschaftlicher Methoden und die Kultivierung alter Pflanzensorten. Seit 2004 ist die Hessische Uhrmacherschule im Hessenpark angesiedelt. (www.hessen park.de)

Deutsches Ledermuseum (Frankfurter Straße 86, Offenbach; s. Übersichtskarte): Offenbach als Zentrum der Lederwarenindustrie stellt dieses Material in den Sammlungsmittelpunkt. Heute hat das Haus drei Sparten: Angewandte Kunst, Ethnologie und das Deutsche Schuhmuseum. Mehr als 30 000 Exponate aus den verschiedensten Kulturen und Epochen. (www.ledermuseum.de)

Anhang

A
B
C
D
E
1
2
3
4
5
6
7
8
Volkspark Niddatal
Friedhof Bockenheim
Landstr.
Wilhelm- Epstein- Str.
R.-Luxemburg-Str.
Europaturm
Deutsche Bundesbank
Am Dornbusch
DORNBUSCH
Hansaallee
Eschers-
Siedlung Höhenblick
Plieningerstr.
66
Miquelanlage
Miquelallee
MIQUEL-/ ADICKES-ALLEE
Westend-Nord
heimer
Franz-Rücker-A.
Bockenheim
Frauenlobstr.
Grüneburg-
Siolistr.
Frauenfriedenskirche
Zeppelinallee
Miquelallee
Botanischer Garten
park
Universität
HOLZHAUSENSTR.
Ginn-
Falk-
Sophien-str.
G.-Speyer-Str.
Palmengarten
I.G.-Farben-Haus
Bremer Str.
Hansaallee
KIRCHPLATZ
Hessenplatz
Leipziger
LEIPZIGER STR.
str.
8
Grüneburgweg
Fürstenberger
Wolfsgang-
Palmenhaus
Feldbergstr.
Grüneburg-
Reuterweg
Leerbachstr.
Schloßstr.
Gr. Seestr.
Gräfstr.
BOCKENHEIMER WARTE
Friedrichstr.
Ehem. Amerik. Konsulat
Westend-Synagoge
Unterlindau
Bockenheimer Warte
Siesmayerstr.
FRANKFURT-WEST
Adalbertstr.
Jordanstr.
Universität
Bockenheimer
WESTEND
Landstr.
Liebigstr.
Solmstr.
Kreuznacher
Beethoven-pl
Senckenberg-Naturmuseum
Ohmstr.
Robert-Mayer-Str.
Voltastr.
Hamburger Allee
Beethovenstr.
Mendelssohn-str.
Kettenhofweg
Franklinstr.
Str.
West-
Ehem. Chemag-Haus
Westend-Süd
Ulmenstr.
ALTE OPER
648
Theodor-Heuss-Allee
Arndt-
Ludwig-Erhard-Anlage
8
44
9
Messe Frankfurt
Kongresshalle
Festhalle
Fr.-Ebert-Anlage
FESTHALLE/ MESSE
Rheinstr.
Niedenau
TAUNUSANLAGE
8
6
5
Forum
Messeturm
Trianon
11
10
MESSE
4
1
Pl. d. Einheit
City Haus 1+2
Westend-Tower
Portalhaus
12
3
Tower 185
Platz der Republik
Taunusstr.
Emser Brücke
Allee
Güterplatz
Niddastr.
Bahnhofsviertel
6
Europa-
Kölner Str.
Hafen-
HAUPTBAHNHOF
Hellerhof-Siedlung
Idsteiner Str.
Gallusviertel
Frankenallee
Mainzer Landstr.
Hauptbahnhof
W.-Leuschner-Str.
Kriftelet Str.
Schwalb. Str.
Frankenallee
Hufnagelstr.
GALLUSWARTE
Mannheimer Str.
Baseler Str.
Untermainkai
Holbeinsteg
Galluswarte
Baseler Platz
Gewerkschaftshaus
Mainzer Landstr.
Camberger Str.
Gutleutstr.
Liebieghaus
Lahn-straße
straße
Adlerwerke
Straße
Speicherstr.
Gutleutviertel
Friedensbrücke
Schaumainkai
Kleyer-
Weilburger
Karpfenweg
Garten-
Westhafen
Th.-Stern-Kai
Kennedyallee
Burn
Gutleutstraße
Sommerhoffpark
43
P.-Ehrlich-Str.
44

KARTE III
Frankfurt – Zentrum

0 250 500 750 1000 m

Weiterführende Informationen

Literaturhinweise

Balser, Frolinde: Aus Trümmern zu einem europäischen Zentrum. Geschichte der Stadt Frankfurt am Main 1945–1989. Sigmaringen 1995.

Barr, Helen / May, Ulrike / Welsen, Rahel: Das Neue Frankfurt. Frankfurt a. M. 2007.

Becker, Werner / Fischer, Roman (Hrsg.): Die Alte Nikolaikirche am Römerberg. Studien zur Stadt- und Kirchengeschichte. Frankfurt a. M. 1992.

Berkemann, Karin: Nachkriegskirchen in Frankfurt am Main (1945–76). Denkmaltopographie. Darmstadt 2013.

Brockhoff, Evelyn (Hrsg.): Akteure des Neuen Frankfurt. Frankfurt a. M. 2016.

Bund Deutscher Architekten (Hrsg.): Bauen in Frankfurt am Main seit 1900. Frankfurt a. M. 1977.

Cremer, Folkhard (bearb.): Georg-Dehio-Handbuch der Deutschen Kunstdenkmäler / Hessen II. Der Regierungsbezirk Darmstadt. München/Berlin 2008.

Deutsche Bundesbank (Hrsg.): Architektur und Kunst. Die Zentrale der Deutschen Bundesbank. Bonn 2013.

Dreysse, DW: May-Siedlungen. Ein Führer durch zehn Siedlungen des Neuen Frankfurt. Frankfurt a. M. 2019.

Einsingbach, Wolfgang / Riedel, Wolfgang: Kloster Eberbach im Rheingau. München [17]2007.

Erche, Bettina: Der Frankfurter Hauptfriedhof. Denkmaltopographie. Frankfurt a. M. 2006.

Gailhofer, Sunna / Schmal, Peter Cachola (Hrsg.): Frankfurter Projekte von Otto Apel / ABB Architekten. Frankfurt a. M. 2017.

Hessisches Landesmuseum Darmstadt (Hrsg.): Das Hessische Landesmuseum Darmstadt. Regensburg 2014.

Heuser, August / Kloft, Matthias Theodor: Der Frankfurter Kaiserdom. Seine Denkmäler und seine Geschichte. Regensburg 2006.

Institut Mathildenhöhe (Hrsg.): Künstlerkolonie Mathildenhöhe Darmstadt 1899–1914. Darmstadt ²2007.
Jannik, Detlev (Hrsg.): Hochhäuser in Frankfurt. Wettlauf zu den Wolken. Frankfurt a. M. 1995.
Kaiser, Jürgen / Staab, Josef: Das Zisterzienserkloster Eberbach im Rheingau. Regensburg 2000.
Kiesow, Gottfried: Das verkannte Jahrhundert. Der Historismus am Beispiel Wiesbaden. Bonn 2005.
Krüger, Jürgen: Die Erlöserkirche in Bad Homburg. Schlüssel zum Kirchbauprogramm Kaiser Wilhelms II. Königstein i. Ts. 2008.
Magistrat der Stadt Frankfurt (Hrsg.): Denkmaltopographie Stadt Frankfurt am Main. Braunschweig/Wiesbaden 1986.
Metternich, Wolfgang: Die Justinuskirche in Frankfurt am Main-Höchst. Lindenberg 2016.
Natale, Herbert: Die St. Leonhardskirche im Spiegel der Frankfurter Stadt- und Kirchengeschichte. Speyer 1966.
Opatz, Wilhelm E. / Freunde Frankfurts e. V. (Hrsg.): Architekturführer Frankfurt 1970–1979. Hamburg 2018.
– / Deutscher Werkbund (Hrsg.): Einst gelobt und fast vergessen. Moderne Kirchen in Frankfurt a. M. 1948–1973. Sulgen 2012.
Proescholdt, Joachim: St. Katharinenkirche zu Frankfurt am Main. Frankfurt a. M. 1981.
– / Telschow, Jürgen: Frankfurts evangelische Kirchen im Wandel der Zeit. Frankfurt a. M. 2011.
Pappe, Sandra: Architekturführer Frankfurt am Main. Berlin 2013.
Risse, Heike: Frühe Moderne in Frankfurt am Main 1920–1933. Frankfurt a. M. 1984.
Rödel, Volker: Fabrikarchitektur in Frankfurt am Main 1774–1924. Frankfurt a. M. 1984
Schallmayer, Egon (Hrsg.): Hundert Jahre Saalburg. Vom römischen Grenzposten zum europäischen Museum. Mainz 1997.
Schubert, Ulrike: Alter Pfarrthurm neu geboren. Zur Wiederherstellung und zum Ausbau des Frankfurter Domturms unter Franz Josef Denzinger. Marburg 2015.
Seib, Adrian: Der Kirchenbaumeister Martin Weber (1890–1941).

Leben und Werk eines Architekten für die liturgische Erneuerung. Mainz 1999.
Senger, Valentin / Meier-Ude, Klaus: Die jüdischen Friedhöfe in Frankfurt am Main. Frankfurt a. M. 2004.
Setzepfand, Wolf-Christian: Architekturführer Frankfurt am Main. Berlin ³2002.
Sturm, Philipp / Schmal, Peter Cachola (Hrsg.): Hochhausstadt Frankfurt. Bauten und Visionen seit 1945. München / London / New York 2014.

Internetseiten

Homepage der Stadt:
www.frankfurt.de

Sehenswürdigkeiten, Besichtigungen:
www.kultur-frankfurt.de
www.kunst-im-oeffentlichen-raum-frankfurt.de
www.stadtgeschichte-ffm.de
www.juedisches-frankfurt.de
www.ernst-may-gesellschaft.de
www.schloesser-hessen.de
www.lfd.hessen.de/bau-kunst/inventarisation/denkmaltopographien

Veranstaltungen:
www.kultur-frankfurt.de
www.erlebnisraum-frankfurt.de
www.frankfurt-tipp.de
www.journal-kalender.de
www.frankfurt-rhein-main.de/Entdecken-Erleben/Kultur

Wissenwertes und Bildmaterial zu den Frankfurter Hochhäusern:
www.skylineatlas.de

Nachweis der Karten und Abbildungen

akg-images / Hilbich: S. 131; Ernst-May-Gesellschaft e.V. & Forum Neues Frankfurt: S. 121; Gregor Zoyzoyla: S. 101; imago images / Hans Blossey: S. 103; Institut für Stadtgeschichte Frankfurt a.M. (ISG FFM), S7ISG, Wandmalerei: Jerg/Jörg Ratgeb (gest. 1526; Fotografie: Uwe Dettmar): S. 56; Klaus Kühner / HüttenWerke: S. 186 f.; Karten in den Buchklappen; mauritius images: S. 169 (Christian Bäck); S. 149 (Erhard Hess); Max Beckmann: Eisgang, 1923. Städel Museum, Frankfurt a. M. – © Städel Museum / U. Edelmann / ARTOTHEK: S. 137; Michael Wutzke: S. 147; Uwe Dettmar: S. 52; Wikimedia Commons: S. 34 (Public Domain Mark 1.0), S. 37 (CC0 1.0), S. 40 (Magadan / GNU-FDL), S. 67 (Rehbock01 / CC BY-SA 3.0), S. 69 (Dontworry / CC-BY-SA 3.0), S. 81 (Melkom / CC0 1.0), S. 83 (Norbert Miguletz (Frankfurt) / CC-BY-3.0), S. 113, 146 (Epizentrum / CC BY-SA 3.0), S. 127 (DXR / CC0 1.0), S. 161 (Querido / CC BY-SA 3.0), S. 173 (Ekkhard Issel / CC BY-SA 3.0)

Register

Zum Autor

ADRIAN SEIB studierte in Frankfurt am Main Mittlere und Neuere Kunstgeschichte, Mittlere und Neuere Geschichte sowie Klassische Archäologie und promovierte 1998 mit dem Thema *Der Kirchenbaumeister Martin Weber (1890–1941). Leben und Werk eines Architekten für die liturgische Erneuerung.* Wissenschaftlich ist er u. a. für das Hessische Landesamt für Denkmalpflege und das Deutsche Architekturmuseum in Frankfurt tätig. Er lebt und arbeitet als freiberuflicher Kunsthistoriker in Frankfurt.